STYLE

SUIVANT

LE CODE DE PROCÉDURE

CIVILE.

TOME II.

Se trouve **A DIJON,**

Chez
- Carion, Imprimeur, rue de la Liberté ;
- Edme Bidault, Libraire, place Impériale ;
- Coquet, Libraire, place Saint-Jean ;
- la veuve Marin, Libraire, sous le portique du Palais Impérial ;
- Bligny, Libraire, rue des Forges ;
- Bourgoin, Relieur, près la Conciergerie ,

Et A PARIS,

Chez Migneret, Imprimeur, rue du Sépulcre, n°. 20, faubourg St.-Germain.

STYLE

SUIVANT LE CODE

DE PROCÉDURE CIVILE,

Avec des Notes, des Formules d'Actes, de Procès-verbaux et Conclusions ;

Par M. André LOMBARD, ancien Avocat au Barreau de Dijon.

Cet Ouvrage, utile à tous ceux qui se destinent à remplir les fonctions d'*Avocat*, d'*Avoué*, ou d'*Officier ministériel*, forme deux volumes in-8°. Prix, 10 fr. 50 cent. brochés, et 11 fr. franc de port.

TOME II.

A DIJON,

De l'Imprimerie de Carion, rue de la Liberté, n°. 895.

1806.

TABLE

DES TITRES

SECONDE PARTIE.

PROCÉDURES DIVERSES.

LIVRE PREMIER.

LIVRE SECOND.

PROCÉDURES RELATIVES A L'OUVERTURE D'UNE SUCCESSION.

LIVRE TROISIÈME.

Fin de la Table des Titres.

STYLE

SUIVANT LE CODE

DE PROCÉDURE CIVILE.

LIVRE CINQUIEME.

DE L'EXÉCUTION DES JUGEMENS.

TITRE XII.

DE LA SAISIE IMMOBILIÈRE.

LA procédure qui se fait pour parvenir à l'expropriation forcée, remplace celle qui avait lieu pour les *décrets*. La durée de ces décrets se prorogeait quelquefois jusqu'à un siècle et plus : les immeubles saisis réellement dépérissaient faute d'entretien ; les frais de procédure étaient dispendieux et immenses, et lors de la délivrance décrétale, la majeure partie des créanciers étaient évincés, et retiraient à peine les frais qu'ils avaient été obligés de faire pour vérifier leur demande et obtenir une collocation utile dans la distribution des deniers provenant de la vente décrétale.

La procédure qui se fait aujourd'hui pour parvenir à l'expropriation forcée est succincte et prompte, en donnant cependant au débiteur un délai suffisant

"

pour s'acquitter, lorsque ses affaires ne sont pas tout-à-fait délabrées.

Pour parvenir à l'expropriation des biens immeubles de son débiteur, il faut avoir obtenu contre lui un jugement, ou avoir un titre exécutoire.

673. La saisie immobilière sera précédée d'un commandement à personne ou à domicile, en tête duquel sera donné copie entière du titre en vertu duquel elle est faite : ce commandement contiendra élection de domicile dans le lieu où siège le tribunal qui devra connaître de la saisie ; si le créancier n'y demeure pas, il énoncera que faute de paiement il sera procédé à la saisie des immeubles du débiteur. L'huissier ne se fera point assister de témoins; il fera, dans le jour, viser l'original par le maire ou l'adjoint du domicile du débiteur, et il laissera une seconde copie à celui qui donnera le *visa.*

FORMULE d'un Commandement pour parvenir à la saisie immobilière.

L'an.., le...., à la requête du sieur A..., propriétaire, demeurant à... , qui fait élection de domicile en sa maison audit lieu, et à...., siège du Tribunal de première instance qui doit connaître de l'expropriation dont il sera parlé ci-après , en l'étude du

sieur D..., avoué près ledit Tribunal, demeurant rue... de..., n.º..., qu'il constitue
pour le sien, et où il requiert que toutes
significations soient faites; je, huissier près
ledit Tribunal de première instance, y reçu
et immatriculé, patenté sous le n.º..., demeurant rue... n.º..., étant revêtu du
costume voulu par la loi, certifie m'être
transporté au domicile du sieur C..., propriétaire en ladite ville, rue..., n.º..., où
étant et parlant à sa personne, en exécution
de l'acte reçu S... et son confrère, notaires
en ladite ville, le..., dûment enregistré, par
lequel ledit C... s'est reconnu débiteur envers ledit sieur A... requérant, de la somme
de.., remboursable le....., obligation à laquelle il n'a pas satisfait, malgré les instances réitérées dudit sieur A....., ou en
exécution du jugement rendu en la cour
de..., le..., au profit du sieur A..., contre
ledit C..., par lequel jugement ledit C... est
condamné en dernier ressort à lui payer ladite somme de..., ensemble les frais et dépens de l'instance revenant, suivant la taxe,
à la somme de...; lequel jugement ledit C...
n'a point voulu jusqu'à présent exécuter,
malgré les interpellations consignées dans
différens exploits en date des..., enregistrés
le....., j'ai interpellé de nouveau le sieur A...,

de présentement compter en bonnes espèces d'or ou d'argent ladite somme de....; à quoi il a répondu qu'il était dans l'impossibilité de payer dans ce moment et de satisfaire son créancier, et qu'il lui parviendrait peut-être de l'argent dans tel temps. Interpellé de signer sa réponse, a refusé de le faire ; ce que pris pour refus de payer, je lui ai déclaré qu'il serait procédé à la saisie de ses immeubles, dans le temps et à la forme de la loi; et j'ai, après avoir fait toutes les réserves de droit pour la partie, laissé copie, parlant comme dessus, au sieur C...., tant de l'acte constitutif de son obligation transcrite à la tête de mon exploit, que d'icelui dûment signé, en déclarant que j'allais me retirer dans le jour par-devant M. le Maire de la commune de..., ou à son défaut par-devant l'un de ses adjoints, pour faire viser le présent original et lui en donner copie ; et me suis soussigné tant sur l'original que sur la copie laissée audit sieur C... Signé....

Vu par nous maire de la commune de.... conformément à la disposition de l'art. 673 du code judiciaire, reconnaissant qu'il nous a été remis copie de l'exploit du titre constitutif de la créance détaillée ci-dessus.

Fait à.., le... an... Signé D...

Enregistré.

674. La saisie immobilière ne pourra être faite que trente jours après le commande‑ment ; si le créancier laisse écouler plus de trois mois entre le commandement et la saisie, il sera tenu de le réitérer dans le dé‑lai et les formes ci-dessus.

675. Le procès-verbal de saisie contien‑dra, outre les formalités communes à tous les exploits, l'énonciation du jugement ou du titre exécutoire, le transport de l'huissier sur les biens saisis, la désignation de l'ex‑térieur des objets saisis, si c'est une mai‑son, et énoncera l'arrondissement, la com‑mune et la rue où elle est située, et les te‑nans et aboutissans, si ce sont des biens ruraux ; la désignation des bâtimens, s'il y en a ; la nature et la contenance au moins approximative de chaque pièce ; deux au moins de leurs tenans et aboutissans ; le nom du fermier ou colon, s'il y en a ; l'arrondis‑sement et la commune où elles sont situées· Quelle que soit la nature du bien, le procès‑verbal contiendra en outre l'extrait de la matrice de rôle de contribution foncière pour tous les articles saisis ; l'indication du tri‑bunal où la saisie sera portée, et constitution d'avoué chez lequel le domicile du saisissant sera élu de droit.

Procès-verbal de Saisie immobilière.

L'an...., le mois de...., à la requête du sieur A..., demeurant à.,., qui fait élection de domicile en sa maison de résidence à.., siège du tribunal de première instance qui doit connaître de la saisie immobilière à laquelle on va procéder, en l'étude du sieur C..., avoué près ledit tribunal, demeurant rue de ..., n.º ..., qu'il constitue pour le sien, et où il requiert que dorénavant toutes significations soient faites, et en continuant mon exploit du..., je, huissier près le Tribunal de première instance, y reçu et immatriculé, patenté sous le n.º..., demeurant rue ... de ladite ville..., n.º ..., et étant revêtu du costume voulu par la loi, assisté de tels et tels, tous les deux manouvriers à ..., me suis exprès transporté au domicile du sieur C..., propriétaire, demeurant en ladite ville, rue de.., n.º ..., où étant, j'ai de nouveau fait commandement audit sieur C..., parlant à sa personne, de et en exécution de l'obligation (ainsi qu'il est exprimé dans le premier commandement), ou en exécution du jugement d'un tel jour, payer et compter présentement en monnaie d'or ou d'argent la somme de..., ensemble les frais et dépens liquidés à la somme de..., sans préjudice des frais du commandement, sinon et à refus , que j'allais procéder par saisie sur sa maison où il réside, et sur tels et tels corps d'héritages environnant sa maison et à lui appartenant , lequel sieur C... m'a dit, comme il l'avait fait précédemment le..., qu'il n'était pas en état de satisfaire ledit sieur A.. requérant, et n'a voulu signer sa réponse , quoique de ce interpellé ; ce que pris pour refus, j'ai, en continuant mon présent exploit, procédé à la saisie immobilière que je suis chargé de faire, ainsi que s'ensuit.

J'ai en conséquence saisi la maison occupée par ledit C....., dans la susdite rue de ....., arrondissement de..., laquelle a son aspect sur la rue, dans la hauteur d'environ .... mètres , à deux étages , non compris le rez-de-chaussée , dans la longueur de quinze mètres sur la largeur de douze mètres , ayant pour confins du côté du nord la maison du sieur..., de midi celle du sieur ..., de levant sur la rue..., et de couchant au jardin dudit C...

J'ai pareillement saisi le jardin à la suite de ladite maison , consistant dans environ deux hectares de terrain , tenant de levant à ladite maison, de couchant au jardin d'un tel, de nord à ..., de midi à ...; lequel jardin est cultivé par un tiers pour les deux tiers environ d'amodiation : ladite maison **et** ledit jardin sont portés sur le rôle de la con_tribution foncière , art. 100 et 102 : suivan**t** l'extrait qui est ainsi conçu...

Et immédiatement après cette opération , je suis retourné près dudit sieur C... , toujours assisté de mes recors, pour lui laisser copie de mon présent exploit, dûment signé tant par mesdits recors que par moi, après lui avoir déclaré qu'en conformité de l'art. 676 du code judiciaire, je laisserai, **avant** l'enregistrement, aux greffiers des juges **de** paix de la commune de . . . . , ainsi qu'au maire de ladite commune, copie de mondit exploit ; et je me suis soussigné avec mesd. recors.

Nota. L'huissier donne à chacun des greffiers **des** juges de paix une copie de son exploit, ainsi qu'au maire , et chacun d'eux met au bas de l'original de l'exploit , son visa dans les mêmes termes que le visa du maire , transcrit à la fin du commandement fait sous l'article 673 , à la différence des énonciations concernant l'acte visé.

676. Copie entière du procès - verbal de saisie sera, avant l'enregistrement, laissée aux greffiers des juges de paix et aux maires ou adjoints des communes de la situation des immeubles saisis, si c'est une maison ; si ce sont des biens ruraux , à ceux de la situation des bâtimens, s'il y en a ; et s'il n'y en a

pas, à ceux de la situation de la partie des biens à laquelle la matrice du rôle de la contribution foncière attribue le plus de revenus. Les maires ou adjoints et greffiers viseront l'original du procès-verbal, lequel fera mention des copies qui auront été laissées.

677. La saisie immobilière sera transcrite dans un registre à ce destiné, au bureau des hypothèques de la situation des biens, pour la partie des objets saisis qui se trouvent dans l'arrondissement.

678. Si le conservateur ne peut procéder à la transcription de la saisie à l'instant où elle lui est présentée, il fera mention sur l'original qui lui sera laissé, des heure, jour, mois et an auxquels il lui aura été remis; et en cas de concurrence, le premier présenté sera inscrit.

679. S'il y a eu précédente saisie, le conservateur constatera son refus en marge de la seconde; il énoncera la date de la précédente saisie, les noms, demeures et professions du saisissant et du saisi, l'indication du tribunal où la saisie est portée, le nom de l'avoué, du saisissant, et la date de la transcription.

600. La saisie immobilière sera en outre transcrite au greffe du tribunal où doit se

faire la vente, et ce dans la quinzaine du jour de la transcription au bureau des hypothèques, outre un jour pour trois myriamètres de distance entre le lieu de la situation des biens et le tribunal.

681. La saisie immobilière, enregistrée comme il est dit aux art. 677 et 680, sera dénoncée au saisi dans la quinzaine du jour du dernier enregistrement ; outre un jour pour trois myriamètres de distance entre le domicile du saisi et la situation des biens. Elle contiendra la date de la première publication. L'original de cette dénonciation sera visé dans les vingt quatre heures par le maire du domicile du saisi, et enregistré dans la huitaine, outre un jour pour trois myriamètres, au bureau de la conservation des hypothèques de la situation des biens ; et mention en sera faite en marge de l'enregistrement de la saisie réelle.

682. Le greffier du tribunal sera tenu, dans les trois jours de l'enregistrement mentionné en l'art. 680, d'insérer dans un tableau placé à cet effet dans l'auditoire, un extrait contenant,

1.º La date de la saisie et des enregistremens ;

2.º Les noms, professions et demeures

(11)

du saisi et du saisissant, et de l'avoué de
ce dernier ;

3.º Les noms de l'arrondissement, de la
commune, de la rue des maisons saisies ;

4.º L'indication sommaire des biens ruraux en autant d'articles qu'il y a de communes, et lesquelles seront indiquées ainsi
que les arrondissemens : chaque article contiendra seulement la nature et la quantité
des objets, et les noms des fermiers ou co-
lons, s'il y en a. Si néanmoins les biens
situés dans la même commune sont exploités
par plusieurs personnes , ils seront divisés
en autant d'articles qu'il y aura d'exploitans ;

5.º L'indication du jour de la première
publication ;

6.º Les noms des maires et greffiers des
juges auxquels copies de la saisie auront été
laissées (1).

683. L'extrait prescrit par l'article précédent sera inséré, sur la poursuite du saisissant, dans un des journaux imprimés dans
le lieu où siège le tribunal devant lequel la
saisie se poursuit ; et s'il n'y en a pas, dans
l'un de ceux imprimés dans le département,
s'il y en a : il sera justifié de cette insertion
par la feuille contenant ledit extrait avant

____

(1) Voyez le modèle de ce tableau , page suivante.

MODÈLE du Tableau que doit faire le Greffier, conformément à l'article 684 du Code judiciaire.

DATE de LA SAISIE.	NOMS, PROFESSION et demeure DU SAISI.	NOMS PROFESSION et demeure DU SAISISSANT.	INDICATION sommaire des Biens-fonds.	INDICATION du jour de la première publication.	NOMS des Maires et Greffiers auxquels copie de la saisie aura été laissée.
1er. Juin 1807.	Claude (Jean), propriétaire, demeurant à Dijon.	Alexis (Antoine), propriétaire à Dijon, rue de......	Une maison et jardin, situés au faubourg de.... rue de.... n°.	Première publication, d'un tel jour.	Tels et tels.

la signature de l'imprimeur, légalisée par le maire.

684. Extrait pareil à celui prescrit par l'article précédent, imprimé en forme de placard, sera affiché,

1.º A la porte du domicile du saisi;

2.º A la principale porte des édifices saisis;

3.º A la principale place de la commune où le saisi est domicilié, de celle de la situation des biens, et de celle du tribunal où la vente se poursuit;

4.º Au principal marché desdites communes; et lorsqu'il n'y en a pas, aux deux marchés les plus voisins;

5.º A la porte de l'auditoire du juge de paix de la situation des bâtimens; et s'il n'y a pas de bâtiment, à la porte de l'auditoire de la justice de paix où se trouve la majeure partie des biens saisis;

6.º Aux portes extérieures des tribunaux du domicile du saisi, de la situation des biens, et de la vente.

685. L'apposition des placards sera constatée par un acte auquel sera annexé un exemplaire du placard; par cet acte, l'huissier attestera que l'apposition a été faite aux lieux désignés par la loi, sans les détailler.

Procès-verbal d'Apposition d'Affiches
Pour . . . . Contre . . . .

L'an treize . . . . . , an 1.er de l'empire,
le 25..., à requête du sieur A..., demeurant
à..., qui fait élection de domicile en sa demeure, et à . . . . , en l'étude de M. B... son
avoué constitué, j'ai . . . . . , huissier près le
Tribunal de première instance, etc. et soussigné, fait apposer en ma présence, en lad.
ville de...., aux lieux ci-après indiqués, de
la manière la plus visible et la plus appa-
rente, par le sieur Jean ..., afficheur, aussi
soussigné, tant d'exemplaires en placards
d'une affiche imprimée, annonçant l'adjudication aux plus offrans et derniers enché-
risseurs, par-devant le Tribunal de première
instance séant à...., le..., heure de..., d'une
maison, cour, jardin et leurs dépendances,
de la contenance de..., situés à..., département de..., appartenant au sieur Claude...,
demeurant à . . . . ; ladite affiche contenant
l'état des inscriptions existantes sur l'immeuble au jour du commandement, et les
conditions de l'adjudication, et enregistré
à..., le 23 ... présent mois, par ... qui a
perçu ... : savoir, 1.º à la porte cochère ;
2º.; 3.º, etc. ; et 4.º à l'extérieur de la maison de la préfecture, aux lieux destinés à

recevoir les affiches publiques , chacun desdits placards en une feuille de grand papier timbré, daté du..., signé de mondit sieur B..., avoué audit Tribunal, ayant charge : en foi de quoi j'ai dressé le présent procès-verbal, dont extrait a été transcrit à la suite de chaque placard, pour valoir et servir ce que de droit.

Ce fait, je me suis retiré par-devant M^r. le maire de la commune de..., où les affiches ont été apposées, pour requérir son visa sur l'original de mon présent procès-verbal, et lui ai laissé copie entière dudit procès-verbal à la suite d'un exemplaire de l'affiche susdite; dont acte. Signé.., afficheur et huissier. Enregistré.

Vu par nous maire de la commune de.., certifie qu'il nous a été laissé copie du procès-verbal ci-dessus, à la suite d'un exemplaire de l'affiche mentionnée. A ... ce ....

Enregistré.

Inscrit au bureau des hypothèques.

686. Les originaux du placard et le procès-verbal d'apposition ne pourront être grossoyés sous aucun prétexte.

687. L'original dudit procès-verbal sera visé par le maire de chacune des communes dans lesquelles l'apposition aura été faite, et il sera notifié à la partie saisie, avec copie du placard.

Nota. L'exploit de notification sera fait dans la forme de celui rapporté sous l'art. 695.

688. Si les immeubles saisis ne sont pas loués ou affermés, le saisi en restera en possession jusqu'à la vente comme sequestre judiciaire, à moins qu'il ne soit autrement ordonné par le juge sur la réclamation d'un ou plusieurs créanciers ; les créanciers pourront néanmoins faire faire la coupe et la vente en tout ou en partie des fruits pendans par racines.

689. Les fruits échus depuis la dénonciation au saisi seront immobilisés pour être distribués avec le prix de l'immeuble par ordre d'hypothèques.

690. Le saisi ne pourra faire aucune coupe de bois ni dégradation, à peine de dommages et intérêts auxquels il sera condamné par corps, et pourra même être poursuivi par la voie criminelle, suivant la gravité des circonstances.

691. Si les immeubles sont loués par bail dont la date ne soit pas certaine avant le commandement, la nullité pourra en être prononcée si les créanciers ou l'adjudicataire le demandent.

Si le bail a une date certaine, les créanciers pourront saisir et arrêter les loyers ou fermages échus depuis la dénonciation faite au saisi , comme des fruits mentionnés en l'art. 689.

692. La partie saisie ne peut , à compter du jour de la dénonciation à elle faite de la saisie , aliéner les immeubles , à peine de nullité , et sans qu'il soit besoin de la faire prononcer.

693. Néanmoins , l'aliénation ainsi faite aura son exécution , si , avant l'adjudication , l'acquéreur consigne somme suffisante pour acquitter en principal , intérêts et frais , les créances inscrites , et signifie l'acte de consignation aux créanciers inscrits.

Si les deniers ainsi déposés ont été empruntés , les prêteurs n'auront d'hypothèque que postérieurement aux créanciers inscrits lors de l'aliénation.

694. Faute d'avoir fait la consignation avant l'adjudication , il ne pourra y être sursis sous aucun prétexte.

695. Un exemplaire du placard imprimé, prescrit par l'article 684, sera notifié aux créanciers inscrits, au domicile élu par leurs inscriptions , huit jours au moins avant la première publication de l'enchère , outre un jour pour trois myriamètres de distance entre la commune du bureau de la conservation et celle où s'est fait la vente.

Notification aux Créanciers.

Le sieur A.., propriétaire à.., qui fait élection de domicile en la maison de son avoué , etc. requiert que copies soient données et signifiées à chacun séparément, aux sieurs tels et tels ,

1.º D'une affiche imprimée sur une feuille de grand papier timbré , en date du.. , enregistrée le même jour.. par.. , annonçant la saisie immobilière d'une maison , jardin et dépendances , situés à.. , appartenans au sieur C.. , demeurant à.. , etc. ;

2.º Du procès-verbal d'apposition d'affiche , etc. , (*faire mention du nombre et des endroits où elles ont été posées*) ;

3.º Du visa de M. le maire ;

4.º Du procès-verbal de l'huissier , constatant l'apposition des affiches ;

5.º Du visa de M. le maire ;

A ce qu'au contenu des pièces , les susnommés ne puissent en prétendre cause d'ignorance , etc.

Nota. Il ne paraît pas qu'on doive faire mention du dépôt de l'affiche chez le greffier, attendu qu'on a vu par l'art. 682, qu'il est chargé de faire lui-même un tableau en forme d'affiche, pour être placé dans l'auditoire du Tribunal.

696. La notification prescrite par l'article

précédent, sera enregistrée en marge de la saisie au bureau de la conservation : du jour de cet enregistrement, la saisie ne pourra plus être rayée que du consentement des créanciers ou en vertu de jugement rendu contre eux.

697. Quinzaine au moins avant la première publication, le poursuivant déposera au greffe le cahier des charges contenant, 1.º l'énonciation du titre en vertu duquel la saisie a été faite, du commandement de saisie et des actes ou jugemens qui ont pu être faits ou rendus ; 2.º la désignation des objets saisis, telle qu'elle a été insérée dans le procès-verbal ; 3.º les conditions de la vente ; 4.º et une mise à prix par le poursuivant.

FORMULE du Cahier des Charges à déposer au Greffe du Tribunal où se poursuit la saisie, quinzaine au moins avant la première publication.

Le sieur A.., propriétaire, demeurant à.., poursuite et diligence du sieur B.., son avoué, où il continue son élection de domicile pour l'objet dont il s'agit, en conformité des dispositions de l'article 697 du code judiciaire, remet au greffe du Tribunal de première instance le cahier des charges de l'adjudication qui doit être faite des immeubles saisis sur le sieur C.., ainsi qu'il suit :

1.º La demande du poursuivant est établie par un acte reçu tel et son confrère, notaires à..., le.., contenant *obligation* à son profit de la somme de.. ;

2.º Le commandement fait pour parvenir à la saisie des immeubles du sieur C.., qui a précédé icelle, est en date du.. ;

3.º Le procès-verbal de saisie qui a suivi le commandement, est à la date du.. ;

4.º A la suite de la saisie est un jugement en date du.., rendu contradictoirement avec le sieur C.. ou tel particulier intervenant, pour exercer une revendication sur tels et tels corps d'héritages compris dans la saisie ;

5.º Du tableau fait par le greffier, en conformité de l'article 682 du code judiciaire.

6.º Du procès-verbal d'apposition d'affiches, en date du.. ;

7.º Enfin, de la notification du procès-verbal d'apposition d'affiches, aux créanciers, d'un tel jour (*faire mention des visa et inscriptions au bureau des hypothèques*).

Les immeubles saisis sont situés à... (*on peut transcrire les désignations faites dans le procès-verbal de saisie indiqué sous l'article 675*).

Conditions de la Vente.

1.º L'adjudicataire paiera comptant tous les frais de l'adjudication et ceux faits pour y parvenir, ceux de transcription, etc.;

2.º Il consignera dans le délai de..., le montant du prix de son adjudication, qui sera exigible... ;

3.º Il demeurera chargé d'acquitter chaque année telle rente foncière constituée au profit d'un tel (au cas qu'il se soit réservé la faculté de continuer à la servir, et que cela ait été accepté par le créancier);

4.º L'adjudicataire sera tenu de payer les impositions ainsi qu'elles sont portées au rôle de répartition pour, tant de temps;

5.º Il ne pourra prétendre aucune indemnité, à raison du défaut de contenance, dans les héritages saisis, etc.

Le poursuivant fait enchère et mise à prix sur le fonds cette part saisi, de la somme de....

Nota. Le certificat du dépôt suivra la présente déclaration.

698. Le poursuivant demeurera adjudicataire pour la mise à prix, s'il ne se présente pas de sur-enchérisseur.

699. Les dires, publications et adjudication, seront mis sur le cahier des charges, à la suite de la mise à prix.

700. Le cahier des charges sera publié, pour la première fois, un mois au moins après la notification du procès-verbal d'affiche, à la partie saisie.

701. Il ne pourra y avoir moins d'un mois ni plus de six semaines de délai entre ladite notification et la première publication.

702. Le cahier des charges sera publié à l'audience successivement de quinzaine en quinzaine, trois fois au moins avant l'adjudication préparatoire.

703. Huit jours au moins avant cette adjudication, outre un jour pour trois myriamètres de distance entre le lieu de la situation de la majeure partie des biens saisis, et celui où siège le tribunal; il sera inséré dans un journal, ainsi qu'il est dit en l'article 683, de nouvelles annonces; mêmes placards seront apposés aux endroits désignés en l'art. 684; ils contiendront en outre la mise à prix et l'indication du jour où se fera l'adjudication préparatoire.

Cette addition sera manuscrite, et si elle donnait lieu à une réimpression de placards, les frais n'entreront pas en taxe.

704. Dans les quinze jours de cette adjudication, nouvelles annonces seront insérées dans les journaux, et nouveaux placards affichés dans la forme ci-dessus, con-

tenant en outre la mention de l'adjudication préparatoire, du prix moyennant lequel elle a été faite, et indication du jour de l'adjudication définitive.

705. L'insertion aux journaux des seconde et troisième annonces et les seconde et troisième appositions de placards, seront justifiées dans les mêmes formes que les premières.

706. Il sera procédé à l'adjudication définitive au jour indiqué lors de l'adjudication préparatoire. Le délai entre les deux adjudications ne pourra être moindre de six semaines.

707. Les enchères seront faites par le ministère d'avoués et à l'audience, aussitôt que les enchères seront ouvertes; il sera allumé successivement des bougies préparées de manière que chacune ait une durée d'environ une minute.

L'enchérisseur cesse d'être obligé si son enchère est couverte par une autre, lors même que cette dernière serait déclarée nulle.

708. Aucune adjudication ne pourra être faite qu'après l'extinction de trois bougies allumées successivement.

S'il y a eu enchérisseur lors de l'adjudication préparatoire, l'adjudication ne deviendra définitive qu'après l'extinction des trois feux sans nouvelle enchère.

Si pendant la durée d'une des trois premières bougies, il survient des enchères, l'adjudication ne pourra être faite qu'après l'extinction de deux feux sans enchère survenue pendant leur durée.

709. L'avoué dernier enchérisseur sera tenu dans les trois jours de l'adjudication, de déclarer l'adjudicataire et de fournir son acceptation, sinon de représenter son pouvoir, lequel demeurera annexé à la minute de sa déclaration; faute de ce faire, il sera réputé adjudicataire en son nom.

710. Toute personne pourra, dans la huitaine du jour où l'adjudication aura été prononcée, faire au greffe du tribunal, par elle-même ou par un fondé de pouvoir spécial, une sur-enchère, pourvu qu'elle soit du quart au moins du prix principal de la vente.

711. La sur-enchère permise par l'article précédent, ne sera reçue qu'à la charge par le sur-enchérisseur d'en faire, à peine de nullité, la dénonciation dans les vingt-quatre heures, aux avoués de l'adjudicataire du poursuivant et de la partie saisie, si elle a avoué constitué, sans néanmoins qu'il soit nécessaire de faire cette dénonciation à la personne ou au domicile de la partie saisie qui n'aurait pas d'avoué.

La dénonciation sera faite par un simple acte contenant à venir à la prochaine audience, sans autre procédure.

712. Au jour indiqué ne pourront être admis à concourir, que l'adjudicataire et celui qui aura enchéri du quart, lequel, en cas de folle-enchère, sera tenu par corps de la différence de son prix d'avec celui de la vente.

713. Les avoués ne pourront se rendre adjudicataires pour le saisi, les personnes notoirement insolvables, les juges suppléans, procureurs-généraux et impériaux, les substituts et les greffiers du tribunal où se poursuit et se fait la vente, à peine de nullité de l'adjudication, et de tous dommages-intérêts.

714. Le jugement d'adjudication ne sera autre que la copie du cahier des charges, rédigé ainsi qu'il est dit dans l'article 697 ; il sera revêtu de l'intitulé des jugemens et du mandement qui les termine, avec injonction à la partie saisie de délaisser la possession aussitôt la signification du jugement, sous peine d'y être contrainte, même par corps.

715. Le jugement d'adjudication ne sera délivré à l'adjudicataire, qu'en rapportant par lui au greffier quittance des frais or-

dinaires de poursuite, et la preuve qu'il a satisfait aux conditions de l'enchère qui doivent être exécutées avant ladite délivrance ; lesquelles quittances demeureront annexées à la minute du jugement et seront copiées ensuite de l'adjudication : faute par l'adjudicataire de faire lesdites justifications dans les vingt jours de l'adjudication, il y sera contraint par la voie de la folle-enchère, ainsi qu'il est dit ci-après, sans préjudice des autres voies de droit.

716. Les frais extraordinaires de poursuite seront payés par privilège sur le prix, lorsqu'il en aura été ainsi ordonné par jugement.

717. Les formalités prescrites par les articles 673, 674, 675, 676, 677, 680, 681, 582, 683, 684, 685, 687, 695, 696, 697, 699, 700, 701, 702, § 1.er de 703, 704, 705, 706, 707, 708, seront observées, à peine de nullité.

TITRE XIII.

Des Incidens sur la Poursuite de Saisie immobilière.

718. Toute contestation incidente à une poursuite de saisie immobilière, sera jugée sommairement dans les cours et dans les

tribunaux ; les demandes ne seront pas pré-
cédées de citations au bureau de conciliation.

719. Si deux assistans ont fait enregistrer
deux saisies de biens différens , poursuivies
dans le même tribunal , elles seront réunies
sur la requête de la partie la plus diligente
et seront continuées par le premier saisissant ; la jonction sera ordonnée , encore
que l'une des saisies soit plus ample que
l'autre ; mais elle ne pourra en aucun
cas être demandée après la mise de l'enchère au greffe ; en cas de concurrence ,
la poursuite appartiendra à l'avoué porteur du
titre le plus ancien , et si les titres sont de
même date , à l'avoué le plus ancien.

720. Si une seconde saisie présentée à
l'enregistrement est plus ample que la première , elle sera enregistrée pour les objets
non compris en la première saisie , et le
second saisissant sera tenu de dénoncer sa
saisie au premier saisissant qui poursuivra
sur les deux , si elles sont au même état ;
sinon surseoira à la première , et suivra
sur la deuxième jusqu'à ce qu'elle soit au
même degré , et alors elles seront réunies
en une seule poursuite qui sera portée devant le tribunal de la première saisie.

721. Faute par le premier saisissant d'a-

voir poursuivi sur la seconde saisie à lui dénoncée , conformément à l'article ci-dessus , le second saisissant pourra , par un simple acte , demander la subrogation.

722. Elle pourra être également demandée en cas de collusion , fraude ou négligence de la part du poursuivant.

Il y a négligence , lorsque le poursuivant n'a pas rempli une formalité ou n'a pas fait un acte de procédure dans les délais prescrits , sauf dans le cas de collusion ou fraude , les dommages-intérêts envers qui il appartiendra.

723. L'appel d'un jugement qui aura statué sur cette contestation incidente , ne sera recevable que dans la quinzaine du jour de la signification à avoué.

724. Le poursuivant contre qui la subrogation aura été promise , sera tenu de remettre les pièces de la poursuite au subrogé, sur son récépissé , et il ne sera payé de ses frais qu'après l'adjudication , soit sur le prix, soit par l'adjudicataire.

Si le poursuivant a contesté la subrogation , les frais de la contestation seront à sa charge , et ne pourront en aucun cas être employés en frais de poursuite, et payés sur le prix.

725. Lorsqu'une saisie immobilière aura

été rayée, le plus diligent des saisissans postérieurs pourra poursuivre sur sa saisie, encore qu'il ne se soit pas présenté le premier à l'enregistrement.

726. Si le débiteur interjette appel du jugement en vertu duquel on procède à la saisie, il sera tenu d'intimer sur cet appel et de dénoncer et faire viser l'intimation au greffier du tribunal devant lequel se poursuit la vente, et ce trois jours au moins avant la mise du cahier des charges au greffe, sinon l'appel ne sera pas reçu, et il sera passé outre à l'adjudication.

727. La demande en distraction de tout ou de partie de l'objet saisi, sera formée par requête d'avoué, tant contre le saisissant que contre la partie saisie, le créancier premier inscrit et l'avoué adjudicataire provisoire. Cette action sera formée par exploit contre celle des parties qui n'aura pas d'avoué en cause, et dans ce cas contre le créancier au domicile élu par l'inscription.

728. La demande en distraction contiendra l'énonciation des titres justificatifs, qui seront déposés au greffe, et la copie de l'acte de ce dépôt.

229. Si la distraction demandée n'est que d'une partie des objets saisis, il sera passé outre nonobstant cette demande, à la vente

du surplus des objets saisis ; pourront néanmoins les juges, sur la demande des parties intéressées, ordonner le sursis pour le
tout ; l'adjudicataire provisoire peut dans ce
cas demander la décharge de son adjudication.

73o. L'appel du jugement rendu sur la
demande en distraction , sera interjeté avec
assignation dans la quinzaine du jour de la
signification à personne ou domicile , outre
un jour pour trois myriamètres , en raison
de la distance du domicile réel des parties ;
ce délai passé , l'appel ne sera plus reçu.

731. L'adjudication définitive ne transmet
à l'adjudicataire d'autres droits à la propriété,
que ceux qu'avait le saisi.

732. Lorsqu'une des publications de l'enchère aura été retardée par un incident,
il ne pourra y être procédé qu'après une
nouvelle apposition de placards et insertion
de nouvelles annonces, en la forme ci-dessus
prescrite.

733. Les moyens de nullité contre la procédure qui précéde l'adjudication préparatoire , ne pourront être proposés après
ladite adjudication ; ils seront jugés avant
ladite adjudication , et si les moyens de
nullité sont rejetés , l'adjudication préparatoire sera prononcée par le même jugement.

734. L'appel du jugement qui aura statué

sur ces nullités, ne sera pas reçu s'il n'a été interjeté avec intimation, dans la quinzaine de la signification du jugement à avoué; l'appel sera notifié au greffier et visé par lui.

735. La partie saisie sera tenue de proposer par requête avec à venir à jour indiqué, ses moyens de nullité, si aucuns elle a, contre les procédures postérieures à l'adjudication provisoire, vingt jours au moins avant celui indiqué pour l'adjudication définitive. Les juges seront tenus de statuer sur les moyens de nullité, dix jours au moins avant ladite adjudication définitive.

736. L'appel de ce jugement ne sera pas recevable après la huitaine de la prononciation; il sera notifié au greffier et visé par lui; la partie saisie ne pourra, sur l'appel, proposer autres moyens de nullité que ceux présentés en première instance.

737. Faute par l'adjudicataire d'exécuter les clauses d'adjudication, le bien sera vendu à la folle-enchère.

738. Le poursuivant la vente sur folle-enchère se fera délivrer par le greffier un certificat constatant que l'adjudicataire n'a point justifié de l'acquit des conditions exigibles de l'adjudication.

739. Sur ce certificat, et sans autre procédure ni jugement, il sera apposé nouveaux

placards et inséré nouvelles annonces dans les formes ci-dessus prescrites, lesquels porteront que l'enchère sera publiée de nouveau au jour indiqué ; cette publication ne pourra avoir lieu que quinzaine au moins après l'apposition des placards.

740. Le placard sera signifié à l'avoué de l'adjudicataire et à la partie saisie au domicile de son avoué, et si elle n'en a pas, à son domicile, au moins huit jours avant la publication.

741. L'adjudication préparatoire pourra être faite à la seconde publication, qui aura lieu quinzaine après la première.

742. A la quinzaine suivante ou au jour plus éloigné qui aura été fixé par le tribunal, il sera procédé à une troisième publication, lors de laquelle les objets saisis pourront être vendus définitivement ; chacune desdites publications sera précédée de placards et annonces ainsi qu'il est dit ci-dessus ; et seront observées, lors de l'adjudication, les formalités prescrites par les articles 707, 708 et 709.

743. Si néanmoins l'adjudicataire justifiait de l'acquit des conditions de l'adjudication et consignait la somme réglée par le tribunal pour le paiement des frais de folle-enchère, il ne serait pas procédé à l'adjudi-

cation définitive, et l'adjudicataire éventuel serait déchargé.

744. Le fol-enchérisseur est tenu par corps de la différence de son prix d'avec celui de la revente sur folle-enchère, sans pouvoir réclamer l'excédant, s'il y en a ; cet excédant sera payé aux créanciers, ou si les créanciers sont désintéressés, à la partie saisie.

745. Les articles relatifs aux nullités et aux délais et formalités de l'appel, sont communs à la poursuite de la folle-enchère.

746. Les immeubles appartenans à des majeurs maîtres de disposer de leurs droits, ne pourront, à peine de nullité, être mis aux enchères en justice, lorsqu'il ne s'agira que de vente volontaire.

747. Néanmoins lorsqu'un immeuble aura été saisi réellement, il sera libre aux intéressés, s'ils sont tous majeurs et maîtres de leurs droits, de demander que l'adjudication soit faite aux enchères, devant notaire ou en justice, sans autres formalités que celles prescrites aux articles 957, 958, 959, 960, 961, 962, 964, *sur la vente des Biens immeubles.*

748. Dans le cas de l'art. précédent, si un mineur ou interdit est créancier, le tuteur pourra, sur un avis de parens, se joindre

aux autres parties intéressées pour la même demande.

Si le mineur ou interdit est débiteur, les autres parties intéressées ne pourront faire cette demande qu'en se soumettant à observer toutes les formalités pour la vente des biens *de mineurs* (1).

TITRE XIV.

De l'Ordre.

L'ORDRE est un jugement qui fixe le rang dans lequel les créanciers opposans à une saisie immobilière doivent, être payés sur le prix des biens saisis réellement, et sur les deniers provenant des baux judiciaires.

L'instance d'ordre étant instruite suivant qu'il est dit dans les articles transcrits dans ce titre, on juge ; et par le jugement ont fait l'ordre, ce que l'on appelle sentence d'ordre.

____

(1) Les articles 2206 et 2207 du code civil portent que les immeubles d'un mineur, même émancipé, ou d'un interdit, ne peuvent être mis en vente avant la discussion du mobilier ;

Que la discussion du mobilier n'est pas requise avant l'expropriation des immeubles possédés par indivis, entre un majeur et un mineur ou interdit, si la dette leur est commune, ni dans le cas où les poursuites ont été commencées contre un majeur, ou avant l'interdiction.

On colloque dans l'*ordre*, en premier lieu, les créanciers privilégiés, chacun suivant le rang de son privilège ; en second lieu les créanciers simples hypothécaires, chacun suivant le rang de son hypothèque ; en troisième lieu, les créanciers chyrographaires.

Les créanciers colloqués dans l'*ordre* vont toucher leur paiement aux bureaux des saisies réelles, ou aux consignations, suivant qu'il est assigné sur les unes ou sur les autres.

749. Dans le mois de la signification du jugement d'adjudication, s'il n'est pas attaqué, en cas d'appel dans le mois de la signification du jugement confirmatif, les créanciers et la partie saisie seront tenus de se régler entre eux sur la distribution du prix.

750 Le mois expiré, faute par les créanciers et la partie saisie de s'être réglés entre eux, le saisissant dans la huitaine, et à son défaut, après ce délai, le créancier le plus diligent ou l'adjudicataire requerra la nomination d'un juge-commissaire, devant lequel il sera procédé à l'ordre.

Formule de déclaration à faire pour requérir la nomination d'un juge-commissaire, devant lequel il sera procédé à l'Ordre.

Par-devant le greffier du Tribunal de première instance de l'arrondissement de ...,

s'est présenté cejourd'hui . . ., le sieur. . . .
(*exprimer les nom , qualité et demeure*)
qui a exposé qu'il est créancier de la somme
de 3ooo liv. du sieur P... , dont les immeubles ont été saisis à requête du sieur O...,
qui a poursuivi par-devant vous l'expropriation desdits immeubles ;

Que le 20 avril 1806 , il y a eu jugement
d'adjudication , moyennant le prix de 20,000
francs ;

Que ce jugement a été signifié le... ; qu'il
n'y a eu ni appel ni opposition à ce jugement ; qu'il s'est écoulé depuis cette signification plus d'un mois sans que les créanciers et la partie saisie se soient réglés entre
eux sur la distribution du prix provenant de
ladite adjudication ;

Et le saisissant ayant laissé écouler la huitaine sans faire de diligences , l'exposant se
trouve autorisé par l'art. 75o du code judiciaire à requérir la nomination d'un juge-
commissaire devant lequel il sera procédé à
l'ordre ;

Duquel exposé je susdit greffier ai donné
acte au sieur . . . . le requérant, et me suis
soussigné avec lui, le . . .

Vu par nous président du Tribunal de... ;
en conformité de l'article 751 du code judiciaire , avons nommé monsieur M.... juge-

commissaire pour procéder à l'ordre dont il s'agit.

Fait à . . ., le.... Signé....

751. Il sera tenu au greffe, à cet effet, un registre des adjudications, sur lequel le requérant l'ordre fera son réquisitoire, à la suite duquel le président du tribunal nommera un juge-commissaire.

752. Le poursuivant prendra l'ordonnance du juge-commis, qui ouvrira le procès-verbal d'ordre, auquel sera annexé un extrait délivré par le conservateur, de toutes les inscriptions existantes.

FORMULE de Requête au Juge-Commissaire.

A M. N..., juge au Tribunal de première instance de . . . . ., commissaire cette part nommé :

Expose P... que vous avez été député commissaire pour procéder à l'ordre de collocation (*rappeler sommairement les faits de la déclaration*) ; il s'agit maintenant d'ouvrir le procès-verbal d'ordre; mais il faut préalablement que l'exposant soit autorisé à interpeller les différens créanciers intéressés audit ordre, de produire leurs titres de créance ;

En conséquence, il recourt à ce qu'il vous plaise, M^r., ouvrir le procès-verbal d'ordre dont il s'agit, et ordonner que les créanciers qui y sont intéressés, seront tenus, dans le délai prescrit par la loi, de produire leurs titres de créance au greffe du Tribunal ; et ferez justice.

En marge : Ordonnance conforme aux conclusions.

Ouverture du Procès-verbal d'Ordre.

Nous M..., juge au Tribunal de première instance de l'arrondissement de...., savoir faisons, que cejourd'hui ..., en vertu de l'ordonnance du..., qui nous a député commissaire pour procéder à l'ordre (*rappeler les qualités*), nous avons, assisté de notre greffier N..., ouvert le procès-verbal d'ordre ainsi que s'ensuit.

Nota. Mettre toutes les inscriptions faites par les différens créanciers, suivant leur ordre de date, en conformité de l'extrait délivré par le conservateur du bureau des hypothèques, lequel sera annexé au procès-verbal.

753. En vertu de l'ordonnance du commissaire, les créanciers seront sommés de produire par acte signifié au domicile élu par leurs inscriptions, ou à celui de leurs avoués, s'il y en a de constitués.

754. Dans le mois de cette sommation, chaque créancier sera tenu de produire ses titres, avec acte de produit signé de son avoué, et contenant demande en colloca-

tion ; le commissaire fera mention de la remise sur son procès-verbal.

Sommation de Production.

P... , l'un des créanciers du sieur G. . .,
qui continue son élection de domicile en l'é-
tude du sieur... , son avoué près le Tribunal
de première instance à... ,

Requiert que copie soit donnée , 1.º de la
pétition présentée à M.ʳ M... , juge au Tribunal de première instance de l'arrondissement de ... , en date du... ; 2.º de l'ordonnance de mondit sieur le juge député commissaire , à la date du... , aux créanciers du
sieur G.... , qui sont, 1.º le sieur .... (*exprimer les noms , etc.*) ; 2.º au sieur, etc. ,
aux domiciles par eux élus dans les inscriptions qu'ils ont faites au bureau du conservateur des hypothèques , sur les biens ayant
appartenu au sieur G... (ou bien aux domiciles de leurs avoués constitués) ;

Et par même moyen , il leur annonce que
le procès-verbal d'ordre est ouvert , afin qu'ils
ayent , dans le délai fixé par la loi , l'attention de produire au greffe du Tribunal leurs
titres constitutifs de créance , avec acte de
leur produit signé de leurs avoués , et contenant demande en collocation ; de laquelle
remise mention sera faite sur le procès-verbal

d'ordre par le juge député commissaire ; ce qui sera signifié sous toutes réserves de droit : dont acte.

755. Le mois expiré, et même auparavant, si les créanciers ont produit, le commissaire dressera en suite de son procès-verbal un état de collocation sur les pièces produites. Le poursuivant dénoncera par acte d'avoué à avoué, aux créanciers produisans et à la partie saisie, la confection de l'état de collocation, avec sommation d'en prendre communication, et de contredire, s'il y échet, sur le procès-verbal du commissaire dans le délai d'un mois.

Suite du Procès-verbal d'Ordre.

Vu lesdites inscriptions et les différens titres de créances produits par les créanciers du sieur G..., et dont l'énumération par ordre de date a été par nous faite à la suite desdites inscriptions, nous juge-commissaire député disons, art. 1.er que le sieur A.... demeure colloqué en premier ordre pour la somme de.., montant de l'obligation créée à son profit par le susdit acte du..., le..., ensemble de cinq années d'intérêts dudit capital s'élevant à..., au moyen de la retenue qui a été faite sur lesdits intérêts. Total des deux sommes réunies, ci . . . . .

Art. 2. Disons que le sieur B... demeure colloqué.

Idem, etc.

Fait et clos le..., à... Signé . . .

Formule de la Sommation pour annoncer aux créanciers la confection du procès-verbal d'Ordre.

Le sieur C... qui continue son élection de domicile, etc. déclare aux créanciers du sieur G..., aux domiciles de leurs avoués, et audit sieur P..., partie saisie, en son domicile (ou au domicile de son avoué), que le procès-verbal d'ordre et de collocation faite par M. N..., juge-commissaire cette part au Tribunal de..., a été fait et clos le ..., avec invitation d'en prendre communication ès mains du commissaire cette part nommé, et de le contredire s'ils le jugent à propos, dans le délai d'un mois à la forme de la loi; et que faute par eux de s'exécuter sur la présente interpellation, ils demeureront forclos sans nouvelle sommation ni jugement ; ce qui sera signifié sous toutes réserves de droit : dont acte. Signé...

On ne pense pas que les articles suivans exigent des notes et des formules.

756. Faute par les créanciers produisans de prendre communication des productions

ès mains du commissaire dans ledit délai , ils demeureront forclos sans nouvelle sommation ni jugement. Il ne sera fait aucun dire , s'il n'y a contestation.

757. Les créanciers qui n'auront produit qu'après le délai fixé , supporteront sans répétition et sans pouvoir les employer dans aucun cas , les frais auxquels leur production tardive et la déclaration d'icelle aux créanciers , à l'effet d'en prendre connaissance , auront donné lieu ; ils seront garans des intérêts qui auront couru à compter du jour où ils auraient cessé , si la production eût été faite dans le délai fixé.

768. En cas de contestation , le commissaire renverra les contestans à l'audience , et néanmoins arrêtera l'ordre pour les créances antérieures à celles contestées , et ordonnera la délivrance des bordereaux de collocation de ces créanciers , qui ne seront tenus à aucun rapport à l'égard de ceux qui produiraient postérieurement.

759. S'il ne s'élève aucune contestation , le juge-commissaire fera la clôture de l'ordre ; il liquidera les frais de la radiation et de poursuite d'ordre qui seront colloqués par préférence à toutes autres créances ; il prononcera la déchéance des créanciers non produisans , ordonnera la délivrance des bor-

dereaux de collocation aux créanciers utilement colloqués, et la radiation des inscriptions de ceux non utilement colloqués ;
il sera fait distraction en faveur de l'adjudicataire, sur le montant de chaque bordereau, des frais de radiation de l'inscription.

760. Les créanciers postérieurs en ordre
d'hypothèque aux collocations contestées,
seront tenus, dans la huitaine du mois accordé pour contredire, de s'accorder entre
eux sur le choix d'un avoué, sinon ils seront représentés par l'avoué du dernier créancier colloqué ; le créancier qui conteste-
ra individuellement, supportera les frais auxquels sa contestation particulière aura donné lieu, sans pouvoir les répéter ni employer en aucun cas. L'avoué poursuivant
ne pourra, en cette qualité, être appelé
dans la contestation.

761. L'audience sera poursuivie par la
partie la plus diligente, sur un simple acte
d'avoué à avoué, sans autre procédure.

762. Le jugement sera rendu sur le rapport du juge-commissaire et les conclusions
du ministère public ; il contiendra liquidation des frais.

763. L'appel de ce jugement ne sera reçu, s'il n'est interjeté dans les dix jours
de la signification à avoué, outre un jour

par trois myriamètres de distance du domicile réel de chaque partie ; il contiendra assignation et l'énonciation des griefs.

764. L'avoué du créancier dernier colloqué, pourra être intimé, s'il y a lieu.

765. Il ne sera signifié sur l'appel que des conclusions motivées de la part des intimés, et l'audience sera poursuivie ainsi qu'il est dit en l'art. 761.

766. L'arrêt contiendra liquidation des frais ; les parties qui succomberont sur l'appel, seront condamnées aux dépens, sans pouvoir les répéter.

767. Quinzaine après le jugement des contestations, et en cas d'appel, quinzaine après la signification de l'arrêt qui y aura statué, le commissaire arrêtera définitivement l'ordre des créances contestées et de celles postérieures, et ce conformément à ce qui est prescrit par l'article 759 : les intérêts et arrérages des créanciers utilement colloqués, cesseront.

768. Les frais de l'avoué qui aura représenté les créanciers contestans, seront colloqués par préférence à toutes autres créances sur ce qui restera de deniers à distribuer, déduction faite de ceux qui auront été employés à acquitter les créances antérieures à celles contestées.

769. L'arrêt qui autorisera l'emploi des frais, prononcera la subrogation au profit du créancier sur lequel les fonds manqueront, ou de la partie saisie ; l'exécutoire énoncera cette disposition, et indiquera la partie qui devra en profiter.

770. La partie saisie et le créancier par lequel les fonds manqueront, auront leur recours contre ceux qui auront succombé dans la contestation, pour les intérêts et arrérages qui auront couru pendant le cours desdites contestations.

771. Dans les dix jours après l'ordonnance du juge-commissaire, le greffier délivrera à chaque créancier utilement colloqué, le bordereau de collocation qui sera exécutoire contre l'acquéreur.

772. Le créancier colloqué, en donnant quittance du montant de sa collocation, consentira la radiation de son inscription.

773. Au fur et à mesure du paiement des collocations, le conservateur des hypothèques, sur la représentation du bordereau et de la quittance du créancier, déchargera d'office l'inscription jusqu'à concurrence de la somme acquittée.

774. L'inscription d'office sera rayée définitivement en justifiant par l'adjudicataire, du paiement de la totalité de son prix, soit

aux créanciers utilement colloqués , soit à la partie saisie , et de l'ordonnance du juge-commissaire , qui prononce la radiation des inscriptions des créanciers non colloqués.

775. En cas d'aliénation, autre que celle par expropriation , l'ordre ne pourra être provoqué , s'il n'y a plus de trois créanciers inscrits , et il le sera par le créancier le plus diligent ou l'acquéreur , après l'expiration de trente jours qui suivront les délais prescrits par les articles 2185 et 2194 du code civil.

776. L'ordre sera introduit et réglé dans les formes prescrites par le présent titre.

777. L'acquéreur sera employé par préférence , pour le coût de l'extrait des inscriptions et dénonciations aux créanciers inscrits.

778. Tout créancier pourra prendre inscription pour conserver les droits de son débiteur ; mais le montant de la collocation du débiteur , sera distribué comme chose mobilière entre tous les créanciers inscrits ou opposans , avant la clôture de l'ordre.

779. En cas de retard ou de négligence dans la poursuite de l'ordre, la subrogation pourra être demandée ; la demande en sera formée par requête insérée au procès-verbal d'ordre, communiquée au poursuivant par

acte d'avoué , jugée sommairement en la chambre du conseil , sur le rapport du juge-commissaire.

TITRE XV.

De l'Emprisonnement.

Les causes pour lesquelles en matière civile on peut exercer la contrainte par corps , sont rappelées sous le titre de la *Contrainte par corps* , du code civil , art. 2059 , 2060 et suivans ; on y renvoie pour éviter la prolixité.

780. Aucune contrainte par corps ne pourra être mise à exécution qu'un jour après la signification , avec commandement du jugement qui l'a prononcée.

Cette signification sera faite par un huissier commis par ledit jugement ou par le président du tribunal de première instance du lieu où se trouve le débiteur.

La signification contiendra aussi élection de domicile dans la commune où siège le tribunal qui a rendu ce jugement , si le créancier n'y demeure pas.

Formule de Commandement à faire avant l'Emprisonnement du Débiteur.

L'an.. , le.. , etc.. , à la requête du sieur B.. , demeurant à.. , où il fait élection de domicile , en sa maison de résidence (*la*

signification devra contenir élection de do-
micile dans la commune où siège le Tri-
bunal qui a rendu le jugement, si le cré-
ancier ni demeure pas), j'ai, huissier C...
(*exprimer les nom, prénom, immatricule*
et n.º de la patente) demeurant à..., commis par le jugement dont copie est transcrite en tête du présent exploit, lequel jugement a été dûment enregistré le.., je me
suis transporté au domicile du sieur D...
(*exprimer les nom, qualité et demeure*),
où étant et parlant à sa personne, ai laissé
copie du susdit jugement rendu au profit
dudit sieur B.., requérant ; je lui ai fait commandement de présentement payer entre
mes mains en bonne monnaie d'or ou d'argent, 1.º la somme de.., montant du principal à lui adjugé par le susdit jugement ;
2.º les intérêts revenant à..; 3.º les dépens
montant à.., suivant la liquidation qui en
a été faite par le même jugement, sans
préjudice des frais du présent commandement : lui ayant déclaré que faute d'y dé-
férer, il sera contraint, dans le délai de la
loi, par emprisonnement de sa personne,
et j'ai audit sieur D.., parlant comme dessus, laissé copie de mon présent exploit.

781. Le débiteur ne pourra être arrêté,
1.º avant le lever et après le coucher du soleil ;

2.º Les jours de fêtes légales ;

3.º Dans les édifices consacrés au culte, et pendant les exercices religieux seulement;

4.º Dans le lieu et pendant la tenue des séances des autorités constituées ;

5.º Dans une maison quelconque, même dans son domicile, à moins qu'il n'eut été ainsi ordonné par le juge de paix du lieu, lequel juge de paix devra dans ce cas, se transporter dans la maison avec l'officier ministériel.

782. Le débiteur ne pourra non plus être arrêté, lorsqu'appelé comme témoin devant un directeur du jury ou devant un tribunal de première instance, ou une cour de justice criminelle ou d'appel, il sera porteur d'un sauf-conduit.

Le sauf-conduit pourra être accordé par le directeur du jury, par le président du tribunal ou de la cour où les témoins devront être entendus : les conclusions du ministère public seront nécessaires.

Le sauf-conduit réglera la durée de son effet, à peine de nullité.

En vertu du sauf-conduit, le débiteur ne pourra être arrêté ni le jour fixé pour sa comparution, ni pendant le temps nécessaire pour aller et pour revenir.

783. Le procès-verbal d'emprisonnement

contiendra , outre les formalités ordinaires des exploits , 1.º itératif commandement ; 2.º élection de domicile dans la commune où le débiteur sera détenu : si le créancier n'y demeure pas , l'huissier sera assisté de deux recors.

FORMULE de l'Emprisonnement.

L'an.. , le.. , etc. (*transcrire tout ce qui est dit dans le commandement ci-dessus , jusqu'à ces mots* : itératif commandement), assisté de tels et tels recors, demeurant à.. , exprès amenés avec moi , j'ai fait itératif commandement audit sieur D.. , trouvé dans la place de.. , en parlant à sa personne, de présentement payer et compter entre mes mains (*rappeler ce qui a été dit pour différentes sommes demandées dans le commandement fait sous l'article* 780) ; ce que n'ayant point fait , je l'ai saisi et appréhendé au corps et conduit , assisté comme dessus , à telle prison , où étant arrivé , j'ai , sur le registre du concierge , écroué ledit sieur D... , fol.º 2 du registre , et j'ai remis audit concierge la somme de... , pour un mois d'alimens dudit sieur D.. ; ensuite de quoi j'ai laissé copie audit sieur D... , parlant comme dessus , tant du présent procès-verbal d'emprisonnement que de l'écrou ,

laquelle copie a été signée par mesdits recors, ainsi que l'original de mon présent
exploit.

Voyez la formule de l'écrou, sous l'art. 789.

784. S'il s'est écoulé une année entière
depuis le commandement, il sera fait un
nouveau commandement par un huissier
commis à cet effet.

785. En cas de rébellion, l'huissier pourra établir garnison aux portes pour empêcher
l'évasion, et requérir la force armée, et le
débiteur sera poursuivi conformément aux
dispositions du code criminel.

786. Si le débiteur requiert qu'il en soit
référé, il sera conduit sur-le-champ devant
le président du tribunal de première instance du lieu où l'arrestation aura été faite,
lequel statuera en état de référé ; si l'arrestation est faite hors des heures de l'audience, le débiteur sera conduit chez le
président.

787. L'ordonnance sur référé sera consignée sur le procès-verbal de l'huissier, et
sera exécutée sur-le-champ.

788. Si le débiteur ne requiert pas qu'il
en soit référé, ou si, en cas de référé, le
président ordonne qu'il soit passé outre,
le débiteur sera conduit dans la prison du
lieu, et s'il n'y en a pas, dans celle du lieu

le plus voisin : l'huissier et tous autres qui conduiraient, recevraient ou retiendraient le débiteur dans un lieu de détention non légalement désigné comme tel, seront poursuivis comme coupables de détention arbitraire.

789. L'écrou du débiteur énoncera, 1.º le jugement ; 2.º les noms et domicile du créancier ; 3.º l'élection de domicile, s'il ne demeure pas dans la commune ; 4.º les noms, prénom, demeure et profession du débiteur ; 5.º la consignation d'un mois d'alimens au moins ; 6.º enfin mention de la copie qui sera laissée au débiteur, parlant à sa personne, tant du procès-verbal d'emprisonnement que de l'écrou : il sera signé de l'huissier.

FORMULE de l'Écrou.

L'an.., etc., j'ai (*exprimer les qualités comme dessus, tant de l'huissier que du créancier*), en exécution du jugement rendu au Tribunal de première instance de.., dûment enregistré, en conséquence des commandemens faits au sieur O..., de payer le montant des adjudications portées audit jugement, et attendu le refus de paiement de la part dudit D.., je l'ai *écroué* sur le registre de la prison de.., fol.º 2, et ai consigné entre les mains du concierge, la

somme de.. , pour le premier mois d'alimens dudit sieur D.. , ayant , ainsi que je
l'ai énoncé dans mon procès-verbal d'emprisonnement, laissé copie audit sieur D.. ,
parlant à sa personne , dudit procès-verbal
ainsi que du présent procès-verbal d'écrou ,
et me suis soussigné.

790. Le gardien ou geolier transcrira sur
son registre le jugement qui autorise l'arrestation : faute par l'huissier de représenter ce jugement , le geolier refusera de recevoir le débiteur et de l'écrouer.

791. Le créancier sera tenu de consigner
les alimens d'avance ; les alimens ne pourront être retirés, lorsqu'il y aura recommandation , si ce n'est du consentement
du recommandant.

792. Le débiteur pourra être recommandé par ceux qui auraient le droit d'exercer
contre lui la contrainte par corps. Celui qui
est arrêté comme prévenu d'un délit , peut
aussi être recommandé , et il sera retenu
par l'effet de la recommandation , encore
que son élargissement ait été prononcé et
qu'il ait été acquitté du délit.

793. Seront observées pour les recomman-
dations , les formalités ci - dessus prescrites
pour l'emprisonnement ; néanmoins l'huissier
ne sera pas assisté de recors , et le recom-

mandant sera dispensé de consigner les alimens s'ils ont été consignés.

Le créancier qui a fait emprisonner, pourra
se pourvoir contre le recommandataire devant le Tribunal du lieu où le débiteur est
détenu, à l'effet de faire contribuer au paiement des alimens par portion égale.

Formule de Recommandation.

L'huissier doit faire un procès-verbal contenant les mêmes formalités que celles de
l'emprisonnement, à la suite desquelles il
s'explique en ces termes :

J'ai recommandé à tel concierge de telle
prison de ne point se dessaisir de la personne du sieur D. . ., débiteur, ni de souffrir
son élargissement jusqu'à ce qu'il n'ait consigné ou régulièrement payé au requérant les
sommes tant en principal, intérêts que frais
mentionnés au susdit jugement, sans préjudice des frais du présent procès-verbal
(avec offre que j'ai faite audit concierge de
consigner, s'il y échet, une somme pour
fournir aux alimens du sieur D..., prisonnier, ou de contribuer audit conseing avec
le sieur B..., qui a fait procéder audit emprisonnement). La présente recommandation
a été transcrite sur le registre de la *géole*,
fol°. 3 (ainsi que le jugement qui autorise la

présente recommandation) , et me suis soussigné sur ledit registre du concierge ; après
quoi j'ai donné copie audit D... , prisonnier,
en parlant à sa personne , tant du susdit jugement obtenu par le sieur C... , que de la
recommandation et de mon présent exploit.

794. A défaut d'observation des formalités
ci-dessus , le débiteur pourra demander la
nullité de l'emprisonnement , et la demande
sera portée au tribunal du lieu où il est détenu. Si la demande en nullité est fondée
sur des moyens de fond, elle sera portée devant le tribunal de l'exécution du jugement.

795. Dans tous les cas, la demande pourra
être formée à bref délai , en vertu de permission de juge, et l'assignation donnée par
huissier commis, au domicile élu par l'écrou ;
la cause sera jugée sommairement sur les
conclusions du ministère public.

796. La nullité de l'emprisonnement ,
pour quelque cause qu'elle soit prononcée,
n'emporte point la nullité des recommanda-
tions.

797. Le débiteur dont l'emprisonnement
est déclaré nul , ne peut être arrêté pour la
même dette, qu'un jour au moins après sa
sortie.

798. Le débiteur sera mis en liberté en
consignant entre les mains du geolier de la

prison , les causes de son emprisonnement et les frais de la capture.

799. Si l'emprisonnement est déclaré nul, le créancier pourra être condamné en des dommages-intérêts envers le débiteur.

800. Le débiteur légalement incarcéré obtiendra son élargissement ,

1.º Par le consentement du créancier qui l'a fait incarcérer, et des recommandans s'il y en a ;

2º. Par le paiement ou la consignation des sommes dues tant au créancier qui fait emprisonner , qu'aux recommandans , des intérêts échus, des frais liquidés , de ceux d'emprisonnement et de la restitution des alimens consignés ;

3º. Par le bénéfice de cession ;

4.º A défaut par les créanciers d'avoir consigné d'avance les alimens ;

5.º Et enfin, si le débiteur a commencé sa soixante-dixième année , et si dans ce dernier cas il n'est pas stellionataire.

801. Le consentement à la sortie du débiteur pourra être donné , soit devant notaire , soit sur le registre d'écrou.

802. La consignation de la dette sera faite entre les mains du geolier, sans qu'il soit besoin de la faire ordonner; si le geolier refuse, il sera assigné à bref délai devant le

tribunal du lieu en vertu de permission : l'assignation sera donnée par huissier commis.

803. L'élargissement, faute de consignation d'alimens, sera ordonné sur le certificat de non consignation délivré par le geolier, et annexé à la requête présentée au président du tribunal, sans sommation préalable.

Si cependant le créancier en retard de consigner les alimens, fait la consignation avant que le débiteur ait formé sa demande en élargissement, cette demande ne sera plus recevable.

804. Lorsque l'élargissement aura été ordonné faute de consignation d'alimens, le créancier ne pourra de nouveau faire emprisonner le débiteur qu'en lui remboursant les frais par lui faits pour obtenir son élargissement, ou les consignant, à son refus, ès mains du greffier, et en consignant aussi d'avance six mois d'alimens ; on ne sera point tenu de recommencer les formalités préalables à l'emprisonnement, s'il a lieu dans l'année du commandement.

805. Les demandes en élargissement seront portées au tribunal dans le ressort duquel le débiteur est détenu. Elles seront formées à bref délai au domicile élu par l'écrou, en vertu de permission de juge sur requête présentée à cet effet ; elles seront commu-

niquées au ministère public, et jugées sans instruction à la première audience, préférablement à toutes autres causes, sans remise ni tour de rôle.

TITRE XVI.

Des Référés.

Un référé est le rapport d'un incident qui s'est formé dans le cours d'un acte judiciaire, lequel requérant célérité doit être préliminairement décidé par le président, après avoir ouï les raisons de part et d'autre.

Par exemple : quand un huissier qui a fait une saisie-exécution de meubles, refuse de prendre pour gardien celui qui lui est présenté par le débiteur, il donne assignation au débiteur par-devant le président en son hôtel, à . . . . heure de relevée, le même jour, pour entendre prononcer, laissant des recors dans la maison du saisi pour empêcher la distraction des choses saisies.

806. Dans tous les cas d'urgence, ou lorsqu'il s'agira de statuer provisoirement sur les difficultés relatives à l'exécution d'un titre exécutoire ou d'un jugement, il sera procédé ainsi qu'il va être réglé ci-après.

Voy. la formule d'un référé sous l'art. 606.

807. La demande sera portée à une audience tenue à cet effet par le président du tribunal de première instance, ou par le juge qui le remplace, aux jour et heure indiqués par le tribunal.

808. Si néanmoins le cas requiert célérité, le président, ou celui qui le représentera, pourra permettre d'assigner, soit à l'audience, soit à son hôtel, à heure indiquée, même les jours de fêtes, et dans ce cas l'assignation ne pourra être donnée qu'en vertu de l'ordonnance du juge qui commettra un huissier à cet effet.

809. Les ordonnances sur référés ne feront aucun préjudice au principal ; elles seront exécutoires par provision, sans caution, si le juge n'a pas ordonné qu'il en serait fourni une.

Elles ne seront pas susceptibles d'opposition.

Dans le cas où la loi autorise l'appel, cet appel pourra être interjeté, même avant le délai de huitaine, à dater du jugement, et il ne sera point recevable s'il a été interjeté après la quinzaine, à dater du jour de la signification du jugement.

L'appel sera jugé sommairement et sans procédure.

Formule de Pétition pour obtenir un Référé.

A M. le président du Tribunal de première instance, etc. ,

Expose G... (*qualité, demeure et cons-*

titution d'avoué), qu'il a obtenu en votre Tribunal le ... (jour, mois et an), un jugement qui condamne le sieur A..., propriétaire à..., à lui payer la somme de... en principal, et celle de... pour dommages-intérêts réels et honoraires, ensemble celle de.... pour dépens liquidés par le même jugement.

Pour avoir l'exécution de ce jugement, l'exposant a présenté une caution qui a fait ses soumissions, à la forme de la loi, par procès-verbal du...; cependant le sieur A... a formé opposition tant au commandement à lui fait, qu'à toutes contraintes qui pourraient suivre.

Dans ces circonstances, l'exposant vous prie de lui accorder une audience extraordinaire, à la forme de l'article 808 du code judiciaire ; et ferez justice.

En marge est écrit : Vu l'exposé de la présente, nous ordonnons que le sieur A... sera cité par-devant nous extraordinairement, en notre hôtel (ou à la salle ordinaire de l'audience du Tribunal), le..., heure de.. ; et pour l'exécution de notre présente ordonnance, nous avons commis J..., huissier en ce Tribunal.

Fait à , le...

810. Les minutes des ordonnances sur référé seront déposées au greffe.

811. Dans le cas d'absolue nécessité , le
juge pourra ordonner l'exécution de son ordonnance sur la minute.

Fin de la première Partie.

DEUXIÈME PARTIE.

PROCÉDURES DIVERSES.

LIVRE PREMIER.

TITRE PREMIER.

DES OFFRES DE PAIEMENT ET DE LA CONSIGNATION.

ON faisait autrefois les Consignations entre les mains d'un bourgeois dont les parties du décret convenaient, ou entre celles du greffier de la juridiction, d'un notaire ou d'un sergent que le juge nommait.

Ce fut *Henri III* qui établit des receveurs de consignations en titre d'office ; dans la suite on divisa ces offices en alternatifs et triennaux ; mais Louis XIV, par un édit de février 1689, les réunit et établit un receveur des consignations dans chaque juridiction royale auquel il attribua différens privilèges, et il règle les cas où la consignation serait nécessaire, et les droits qu'ils percevraient.

Définition de la Consignation.

La Consignation est le dépô qui se fait chez une personne publique d'une somme de deniers, en attendant la décision de quelques difficultés ou l'évènement de quelque condition.

La consignation a lieu dans différens cas ; par exemple, quand une somme due à quelqu'un est saisie entre les mains du débiteur par les créanciers de celui auquel elle est due, et que le jugement ordonne que le débiteur la consignera ; sur quoi il faut remarquer que la perte des deniers consignés ne tombe pas sur le débiteur, mais sur les créanciers.

On observe que la consignation doit être précédée d'offres réelles.

812. Tout procès-verbal d'offres désignera l'objet offert, de manière qu'on ne puisse en substituer un autre, et si ce sont des espèces il en contiendra l'énumération et la qualité.

813. Le procès-verbal fera mention de la réponse du refus ou de l'acceptation du créancier, et s'il a signé, refusé ou déclaré ne pouvoir signer.

814. Si le créancier refuse les offres, le débiteur peut, pour se libérer, consigner la somme ou la chose offerte, en observant les formalités prescrites par l'article 1259 du code civil.

815. La demande qui pourra être intentée, soit en validité soit en nullité des offres ou de la consignation, sera formée d'après les règles établies pour les demandes principales ; si elle est incidente, elle le sera par requête.

816. Le jugement qui déclarera les offres

valables, ordonnera, dans le cas où la consignation n'aurait pas encore eu lieu, que
faute par le créancier d'avoir reçu la somme
ou la chose offerte, elle sera consignée ;
il prononcera la cessation des intérêts du
jour de la réalisation.

817. La consignation volontaire ou ordonnée, sera toujoursà la charge des oppositions, s'il en existe, et en les dénonçant
aux créanciers.

818. Le surplus est règlé par les dispositions du code civil, *aux offres de paiement, et à la Consignation* (1).

---

(1) *Code civil*, art. 1257. Lorsque le créancier
refuse de recevoir son paiement, le débiteur peut lui
faire des offres réelles, et au refus du créancier de les
accepter, consigner la somme ou la chose offerte.

Les offres réelles, suivies d'une consignation, libèrent
le débiteur ; elles tiennent lieu à son égard de paiement, lorsqu'elles sont valablement faites ; et la chose
ainsi consignée demeure aux risques du créancier.

Art. 1258. . . . Pour que les offres réelles soient valablement faites, il faut 1.° qu'elles soient faites au
créancier ayant la capacité de recevoir, ou à celui qui
a pouvoir de recevoir pour lui ;

2.° Qu'elles soient faites par une personne qui soit
capable de payer ;

3°. Qu'elles soient de la totalité de la somme exigible, des arrérages ou intérêts dus, des frais liqui-

FORMULE de Procédure pour la Consignation.

Le sieur M.. ...., propriétaire à..., qui

---

dés, et d'une somme pour les frais non liquidés, sauf à la parfaire ;

4.º Que le terme soit échu, s'il a été stipulé en faveur du créancier ;

5.º Que la condition sous laquelle la dette a été contractée, soit arrivée ;

6.º Que les offres soient faites au lieu dont on est convenu pour le paiement, et que s'il n'y a pas de convention spéciale sur le lieu du paiement, elles soient faites ou à la personne du créancier, ou à son domicile, ou au domicile élu pour l'exécution de la convention ;

7.ᵉ Que les offres soient faites par un officier ministériel ayant caractère pour ces sortes d'actes.

Art. 1259. Il n'est pas nécessaire pour la validité de la consignation qu'elle ait été autorisée par le juge ; il suffit,

1.º Qu'elle ait été précédée d'une sommation signifiée au créancier, et contenant l'indication du jour, de l'heure et du lieu où la chose offerte sera déposée ;

2.º Que le débiteur se soit dessaisi de la chose offerte, en la remettant dans le dépôt indiqué par la loi pour recevoir les consignations, avec les intérêts jusqu'au jour du dépôt ;

3.º Qu'il y ait eu procès-verbal dressé par l'officier ministériel, de la nature des espèces offertes, du refus qu'a fait le créancier de les recevoir, ou de sa non-comparution ; et enfin du dépôt ;

5

fait élection de domicile en l'étude du sieur
G.. , avoué près le Tribunal de première

4°. Qu'en cas de non-comparution de la part du
créancier, le procès-verbal du dépôt lui ait été signifié, avec sommation de retirer la chose déposée.

Art. 1260. Les frais des offres réelles et de la consignation sont à la charge du créancier, si elles sont
valables.

Art. 1261. Tant que la consignation n'a point été
acceptée par le créancier, le débiteur peut la retirer ;
et s'il la retire, ses codébiteurs ou ses cautions ne
sont point libérés.

Art. 1262. Lorsque le débiteur a lui-même obtenu
un jugement passé en force de chose jugée, qui a déclaré ses offres et sa consignation bonnes et valables,
il ne peut plus, même du consentement du créancier,
retirer sa consignation au préjudice de ses codébiteurs
ou de ses cautions.

Art. 1263. Le créancier qui a consenti que le débiteur retirât sa consignation après qu'elle a été déclarée valable par un jugement qui a acquis force de
chose jugée, ne peut plus, pour le paiement de sa
créance, exercer les privilèges ou hypothèques qui y
étaient attachés ; il n'a plus d'hypothèque que du jour
où l'acte par lequel il a consenti que la consignation
fût retirée, aura été revêtu des formes requises pour
emporter l'hypothèque.

Art. 1264. Si la chose due est un corps certain qui
doit être livré au lieu où il se trouve, le débiteur doit
faire sommation au créancier de l'enlever, par acte
notifié à sa personne ou à son domicile, ou au domicile élu pour l'exécution de la convention. Cette som-

instance de l'arrondissement, chez lequel **il**
consent que toutes significations soient faites
relativement à l'objet dont il va être parlé,

Remontre au sieur M.., propriétaire à..,
qu'en l'an 7 et le 8 frimaire, l'exposant se
reconnut débiteur du sieur M.., de la somme
de 1200 fr., suivant un compte précédemment arrêté entre eux par acte passé par-devant tel notaire en l'an 7, le 8 frimaire,
dûment enregistré.

Qu'y ayant eu contestation entre les parties au Tribunal de.., au sujet d'une clause
insérée dans ledit acte, il intervint jugement le.., qui débouta le sieur M.. de sa
prétention, relativement à ladite clause, et
condamna le remontrant, suivant ses offres,
au paiement de ladite somme de 1200 fr.,
aux intérêts qui avaient couru jusqu'au jour
de.., et en outre aux dépens de l'instance
faite jusqu'à l'époque du jugement.

Le requérant voulant se libérer sans attendre la signification du jugement du...,
de laquelle signification il se départ expressément, requiert que par l'huissier porteur

---

mation faite, si le créancier n'enlève pas la chose,
et que le débiteur ait besoin du lieu dans lequel elle
est placée, celui-ci pourra obtenir de la justice la
permission de la mettre en dépôt dans quelqu'autre
lieu.

de commission , il soit réellement offert et à découvert audit sieur M.., en lui signifiant la présente ,

1.º La somme de 1,200 fr. , formant le montant de ladite obligation ;

2.º Celle de 42 fr. pour les intérêts ;

3.º Celle de 82 fr. pour les dépens adjugés par le jugement du.. ;

4.º La somme de 30 fr. pour frais et loyaux coûts ultérieurs à faire , sauf à augmenter, diminuer ou parfaire après et en conséquence du compte qui sera règlé amiablement entre les parties ; lesdites offres en or et en argent consistant, savoir : en tant de pièces d'or, tant de pièces de monnaie , etc.

Sinon et à refus par le sieur M.., d'accepter ladite somme totale de 1,354 fr. , il soit interpellé d'expliquer les causes de son refus et de signer sa réponse , tant sur l'original que sur l'exploit de l'huissier.. ; qu'il soit assigné à l'audience du.. présent mois, pour voir réaliser la consignation qu'il se propose de faire , la faire déclarer valable , et faire prononcer la cessation des intérêts de la somme ci-dessus énoncée ;

Et qu'après un jour d'intervalle , il sera cité à jour et heure fixes, pour faire la consignation entre les mains du receveur à ce commis, laquelle consignation sera déclarée valable, encore que la quittance n'en soit pas signifiée, et ce, nonobstant toutes oppositions qui pourraient survenir pour le fait dont s'agit.

Suit l'exploit de l'huissier.

TITRE II.

Du Droit des Propriétaires sur les meubles, effets et fruits de leurs Locataires et Fermiers, ou de la Saisie-gagerie et de la Saisie-arrêt sur Débiteurs forains.

La *Saisie-gagerie* est une simple saisie et arrêt de meubles, sans déplacement ni transport.

Cette saisie se fait ordinairement pour cause privilégiée, sans qu'il y ait obligation par écrit ni condamnation.

L'effet de cette saisie est que les meubles sont mis sous la main de la justice pour la sureté du créancier.

819. Les propriétaires et principaux locataires de maisons ou biens ruraux, soit qu'il y ait bail, soit qu'il n'y en ait pas, peuvent un jour après le commandement et sans permission du juge, faire saisir-gager, pour loyers et fermages échus, les effets et fruits étant dans lesdites maisons ou bâtimens ruraux et sur les terres.

Ils peuvent même faire saisir-gager à l'instant en vertu de la permission qu'ils en auront obtenue , sur requête du président du tribunal de première instance.

Ils peuvent aussi saisir les meubles qui garnissaient la maison ou la ferme, lorsqu'ils ont été déplacés sans leur consentement ; et ils conservent sur eux leurs privilèges , pourvu qu'ils en aient fait la revendication conformément à l'article 2102 *du code civil* (1).

820. Peuvent les effets des sous-fermiers et sous-locataires , garnissant les lieux par eux occupés , et les fruits des terres qu'ils sous-louent , être saisis-gagés pour les loyers et fermages dûs par le locataire ou fermier de qui ils tiennent ; mais ils obtiendront main-levée en justifiant qu'ils ont payé sans fraude et sans qu'ils puissent opposer des paiemens faits par anticipation.

821. La saisie-gagerie sera faite en la même forme que la saisie-exécution ; le saisi pourra

______

(1) Code civil , art. 2102, 6°. alinéa. Le propriétaire peut saisir les meubles qui garnissent sa maison ou sa ferme , lorsqu'ils ont été déplacés sans son consentement, et il conserve sur eux son privilège , pourvu qu'il ait fait la revendication : savoir, lorsqu'il s'agit du mobilier qui garnissait une ferme , dans le délai de quarante jours ; et dans celui de quinzaine , s'il s'agit des meubles garnissant une maison.

'(71)

être constitué gardien , et s'il y a des fruits ,
elle sera faite dans la forme établie par le
titre 9 du livre précédent.

822. Tout créancier , même sans titre ,
peut , sans commandement préalable , mais
avec permission du président du tribunal
de première instance et même du juge de
paix , faire saisir les effets trouvés en la
commune qu'il habite , appartenans à son
débiteur forain.

823. Le saisissant sera gardien des effets ,
s'ils sont en ses mains , sinon il sera établi
un gardien.

824. Il ne pourra être procédé à la vente sur
les saisies énoncées au présent titre , qu'après
qu'elles auront été déclarées valables : le saisi,
dans le cas de l'article 821 , le saisissant dans
le cas de l'article 823 , ou le gardien, s'il
en a été établi, seront condamnés par corps
à la représentation des effets.

825. Seront au surplus observées les règles
ci-devant prescrites pour la saisie-exécution ,
la vente et la distribution des deniers.

TITRE III.

De la Saisie-revendication.

La revendication n'a proprement lieu que pour les
objets mobiliers. Voyez le dictionnaire de Ferrière ,
au mot *revendication.*

826. Il ne pourra être procédé à aucune saisie - revendication qu'en vertu d'ordonnance du président du tribunal de première instance, rendue sur requête, et ce, à peine de dommages-intérêts, tant contre la partie que contre l'huissier qui aura procédé à la saisie.

827. Toute requête à fin de saisie-revendication, désignera sommairement les effets.

Formule de Requête en Revendication.

A M. le Président du Tribunal civil de première instance de l'arrondissement de.. ;

Expose Claude F.., négociant, demeurant à.., patenté sous le numéro 87, qu'il a vendu il y a quatre mois, au sieur Joseph H..., marchand épicier à.., une tonne d'huile d'olive, provenant de la récolte faite en l'an 10 sur le territoire de.., moyennant le prix de.., qui devait être payé au moment de la réception.

Quinze jours après cet envoi, le sieur H.. prévint l'exposant qu'il était dans l'indispensable nécessité d'attermoyer avec ses créanciers, dont quelques-uns avaient fait procéder par saisie sur tous ses meubles, effets et marchandises, notamment la tonne d'huile.

Dans ces circonstances, et en partant de

l'avertissement donné par le sieur H..., il est constant que la tonne d'huile doit se trouver dans le même état que lorsqu'elle a été déposée dans le magasin dudit sieur H.., et que conséquemment l'exposant est bien fondé à en demander la revendication.

En conséquence, l'exposant recourt à ce qu'il vous plaise, M., vu la lettre du sieur H.., du.., par laquelle il avait demandé que l'exposant lui expédiât ladite tonne d'huile pour le prix de.., à la date du..

Une autre lettre du même, à la date de.., dans laquelle il annonce la disposition d'attermoyer avec ses créanciers, et instruit l'exposant des saisies qui ont été faites à requête de ses créanciers, lesdites deux lettres dûment enregistrées au bureau de.., et l'exposé de la présente, permettre à l'exposant de faire venir à votre audience, aux jour et heure qu'il vous plaira fixer, tant ledit sieur H.. que les créanciers saisissans, pour entendre prononcer sur la demande en revendication que forme l'exposant, de sa tonne d'huile, avec dépens, tant contre ledit sieur H.. que les autres parties qui pourraient contester, sauf à faire procéder à la reconnaissance des écriture et signature dudit H.., dont sont revêtues lesdites deux lettres, en cas de contestation et sans préjudice encore des actions de l'exposant, à raison de l'avarie qu'aurait pu éprouver ladite tonne d'huile, depuis le dépôt fait dans le magasin dudit sieur H..

Ordonnance en marge qui indique la citation à l'hôtel, à tels jour et heure.

829. Si celui chez lequel sont les effets qu'on veut revendiquer, refuse les portes ou s'oppose à la saisie, il en sera référé au juge, et cependant il sera sursis à la saisie, sauf au requérant à établir garnison aux portes.

830. La saisie-revendication sera faite en la même forme que la saisie-exécution, si ce n'est que celui chez qui elle est faite, pourra être constitué gardien.

831. La demande en validité de la saisie sera portée devant le tribunal du domicile de celui sur qui elle est faite, et si elle est connexe à une instance déjà pendante, elle le sera au tribunal déjà saisi de cette instance.

TITRE IV.

De la Sur-enchère sur Aliénation volontaire (1).

832. Les notifications et réquisitions pres-

____

(1) *Code civil*, art. 2183. Si le nouveau propriétaire veut se garantir de l'effet des poursuites autori-

crites par les articles 2183 et 2185 du code
civil, seront faites par un huissier commis

---

sées dans le chapitre VI (titre XVIII du livre III du
code civil), il est tenu, soit avant les poursuites, soit
dans le mois au plus tard , à compter de la première
sommation qui lui est faite, de notifier aux créanciers
aux domiciles par eux élus dans leurs inscriptions :

1.° Extrait de son titre contenant seulement la date
et la qualité de l'acte, le nom et la désignation précise du vendeur ou du donateur, la nature et la situation de la chose vendue ou donnée ; et s'il s'agit
d'un corps de biens , la dénomination générale seulement du domaine et des arrondissemens dans lesquels il est situé , le prix et les charges faisant partie
du prix de la vente, ou l'évaluation de la chose, si
elle a été donnée ;

2.° Extrait de la transcription de l'acte de vente ;

3'. Un tableau sur trois colonnes, dont la première
contiendra la date des hypothèques et celles des inscriptions ; la seconde, le nom des créanciers ; la troisième, le montant des créances inscrites.

Art. 2184. L'acquéreur ou le donataire déclarera
par le même acte, qu'il est prêt à acquitter sur-le-
champ les dettes et charges hypothécaires jusqu'à concurrence seulement du prix, sans distinction des dettes
exigibles ou non exigibles.

Art. 2185. Lorsque le nouveau propriétaire a fait
cette notification dans le délai fixé, tout créancier,
dont le titre est inscrit, peut requérir la mise de
l'immeuble aux enchères et adjudications publiques ;
à la charge ,

à cet effet , sur simple requête , par le président du tribunal de première instance de l'arrondissement où elles auront lieu : elles contiendront constitution d'avoué près le tribunal où la sur-enchère et l'ordre devront être portés.

L'acte de réquisition de mise aux enchères contiendra , à peine de nullité de la sur-enchère, l'offre de la caution , avec assignation à trois jours devant le même tribunal,

---

1.° Que cette réquisition sera signifiée au nouveau propriétaire dans quarante jours au plus tard de la notification faite à la requête de ce dernier, en y ajoutant deux jours par cinq myriamètres de distance entre le domicile élu et le domicile réel de chaque créancier requérant ;

2.° Qu'elle contiendra soumission du requérant de porter ou faire porter le prix à un dixième en sus de celui qui aura été stipulé dans le contrat, ou déclaré par le nouveau propriétaire ;

3.° Que la même signification sera faite dans le même délai au précédent propriétaire, débiteur principal ;

4.° Que l'original et les copies de ces exploits seront signés par le créancier requérant ou par son fondé de procuration expresse, lequel en ce cas est tenu de donner copie de sa procuration.

5.° Qu'il offrira de donner caution jusqu'à concurrence du prix et des charges.

Le tout à peine de nullité.

pour la réception de ladite caution, à laquelle il sera procédé sommairement.

833. Si la caution est rejetée, la sur-enchère sera déclarée nulle et l'acquéreur maintenu, à moins qu'il n'ait été fait d'autres sur-enchères par d'autres créanciers.

834. Les créanciers qui, ayant une hypothèque aux termes des articles 2123, 2127 et 2128 du *code civil* (1), n'auront pas

---

(1) *Code civil*, art. 2123. L'hypothèque judiciaire résulte des jugemens, soit contradictoires, soit par défaut, définitifs ou provisoires, en faveur de celui qui les a obtenus. Elle résulte aussi de reconnaissances ou vérifications, faites en jugement, des signatures apposées à un acte obligatoire sous seing privé.

Elle peut s'exercer sur les immeubles actuels du débiteur, et sur ceux qu'il pourra acquérir, sauf aussi les modifications qui seront ci-après exprimées.

Les décisions arbitrales n'emportent hypothèque qu'autant qu'elles sont revêtues de l'ordonnance judiciaire d'exécution.

L'hypothèque ne peut pareillement résulter des jugemens rendus en pays étrangers, qu'autant qu'ils ont été déclarés exécutoires par un tribunal français, sans préjudice des dispositions contraires qui peuvent être dans les lois politiques ou dans les traités.

Art. 2127. L'hypothèque conventionnelle ne peut être consentie que par acte passé en forme authentique devant deux notaires, ou devant un notaire et deux témoins.

fait inscrire leurs titres antérieurement aux aliénations qui seront faites à l'avenir des immeubles hypothéqués, ne seront reçus à requérir la mise aux enchères, conformément aux dispositions du chapitre VIII, titre XVIII du livre II du code civil, qu'en justifiant de l'inscription qu'ils auront prise depuis l'acte translatif de propriété, et au plus tard dans la quinzaine de la transcription de cet acte.

Il en sera de même à l'égard des créanciers ayant privilège sur des immeubles, sans préjudice des autres droits résultant au vendeur et aux héritiers, des articles 2108 et 2109 *du code civil* (1).

Art. 2128. Les contrats passés en pays étrangers ne peuvent donner d'hypothèque sur les biens de France, s'il n'y a des dispositions contraires à ce principe dans les lois politiques ou dans les traités.

(1) *Code civil*, art. 2108. Le vendeur privilégié conserve son privilège par la transcription du titre qui a transféré la propriété à l'acquéreur, et qui constate que la totalité ou partie du prix lui est due ; à l'effet de quoi la transcription du contrat faite par l'acquéreur vaudra inscription pour le vendeur et pour le prêteur qui lui aura fourni les deniers payés, et qui sera subrogé aux droits du vendeur par le même contrat : sera néanmoins le conservateur des hypothèques tenu, sous peine de tous dommages et intérêts envers les tiers, de

835. Dans le cas de l'article précédent le nouveau propriétaire n'est pas tenu de faire aux créanciers dont l'inscription n'est pas antérieure à la transcription de l'acte, les significations prescrites par les articles 2183 et 2184 du code civil; et dans tous les cas, faute par les créanciers d'avoir requis la mise aux enchères dans le délai et les formes prescrites, le nouveau propriétaire n'est tenu que du paiement du prix conformément à l'article 2186 *du code civil* (1).

---

faire d'office l'inscription sur son registre, des créances résultant de l'acte translatif de propriété, tant en faveur du vendeur qu'en faveur des prêteurs, qui pourront aussi faire faire, si elle ne l'a été, la transcription du contrat de vente, à l'effet d'acquérir l'inscription de ce qui leur est dû sur le prix.

Art. 2109. Le cohéritier ou copartageant conserve son privilège sur les biens de chaque lot ou sur le bien licité pour les soulte et retour de lots, ou pour le prix de la licitation, par l'inscription faite à sa diligence dans soixante jours, à dater de l'acte de partage ou de l'adjudication par licitation ; durant lequel temps aucune hypothèque ne peut avoir lieu sur le bien chargé de soulte ou adjugé par licitation, au préjudice du créancier de la soulte ou du prix.

(1) *Code civil,* art. 2186. A défaut par les créanciers d'avoir requis la mise aux enchères dans le délai et les formes prescrits, la valeur de l'immeuble demeure définitivement fixée au prix stipulé dans le con-

836. Pour parvenir à la revente sur enchère prévue par l'article 2187 *du code
civil* (1), le poursuivant fera apposer des
placards indicatifs de la première publication,
laquelle sera faite quinzaine après cette apposition.

837. Le procès-verbal d'apposition de placards sera notifié au nouveau propriétaire,
si c'est le créancier qui poursuit, et au créancier sur-enchérisseur, si c'est l'acquéreur.

838. L'acte d'aliénation tiendra lieu de
minute d'enchère.

Le prix porté dans l'acte, et la somme
de la sur-enchère, tiendront lieu d'enchère.

---

trat, ou déclaré par le nouveau propriétaire, lequel
est, en conséquence, libéré de tous privilège et hypothèque, en payant ledit prix aux créanciers qui seront
en ordre de recevoir, ou en le consignant.

(1) *Code civil*, art. 2187. En cas de revente sur
enchères, elle aura lieu suivant les formes établies pour
les expropriations forcées, à la diligence, soit du créancier qui l'aura requise, soit du nouveau propriétaire.

Le poursuivant énoncera dans les affiches le prix
stipulé dans le contrat, ou déclaré, et la somme en
sus à laquelle le créancier s'est obligé de le porter ou
faire porter.

TITRE V.

Des Voies à prendre pour avoir Expédition ou Copie d'un Acte, ou pour le faire réformer.

Grosse est l'expédition (actuellement sur papier timbré) d'une obligation ou d'une constitution de rente, ou d'un autre contrat, acte ou jugement dont la minute est en dépôt dans l'étude d'un notaire ou d'un greffier.

Ainsi grossoyer est faire une grosse sur une minute, laquelle reste entre les mains du notaire qui a passé l'acte ; et mettre en grosse un contrat, c'est le mettre en forme pour le délivrer sur papier timbré, et grossoyé.

La grosse doit être entièrement conforme à l'original ; ainsi les notaires ne peuvent étendre dans leur grosse une clause substantielle d'un contrat. Voyez *Ricard, traité des Donations*, première partie, chap. 4, sect. 1.re

839. Le notaire ou autre dépositaire qui refusera de délivrer expédition ou copie d'un acte aux parties intéressées en nom direct, héritiers ou ayant droit, y sera condamné et par corps, sur assignation à bref délai, donnée en vertu de permission du président du tribunal de première instance, sans préliminaire de conciliation.

840. L'affaire sera jugée sommairement,

et le jugement exécuté nonobstant opposition ou appel.

841. La partie qui voudra obtenir copie
d'un acte non enregistré ou même resté imparfait, présentera sa requête au président
du tribunal de première instance, sauf l'exécution des lois et règlemens relatifs à l'enregistrement.

*FORMULE de Requête aux fins de l'ar-
ticle ci-dessus.*

A M. le Président du Tribunal civil de
première instance de l'arrondissement de.. ,

Expose J.. , propriétaire à.. , que le...
an.. , il fit avec le sieur F.. , propriétaire
à.. , une convention pour l'achat d'un domaine situé à.. , moyennant le prix de..

Parmi les différentes clauses de l'acte qui
fut rédigé le lendemain par-devant le notaire A... , fut stipulée celle d'un réméré
que le sieur F.. voulut être déterminé et
fixé au terme de cinq années, à dater de
l'acte, quoique dans la convention verbale
et primitive, les parties fussent tombées
d'accord que ce terme serait fixé à quatre
années.

Les remontrances de l'exposant au sieur
F.. , furent inutiles : il y fut sourd, et se

retira sans vouloir signer l'acte, qui par
suite n'a pas été enregistré.

Dans ces circonstances, l'exposant se croit
bien fondé dans la demande qu'il formera
au sieur F.., à ce qu'il soit tenu, à la signification de votre ordonnance à intervenir,
à se retrouver aux jour et heure indiqués,
par-devant le susdit notaire, pour y compléter l'acte projeté et qui est resté imparfait par la faute dudit sieur F..., sinon à
refus ou défaut, l'exposant requerra qu'il
soit dressé procès-verbal, soit du défaut
soit du refus dudit sieur F.., et dans l'un
et l'autre cas, il va demander que le notaire soit tenu de lui délivrer, moyennant
salaire compétent, une expédition du susdit acte en l'état où il est; à quoi faire il
sera contraint par les voies de droit.

En conséquence, l'exposant recourt à ce
qu'il vous plaise, M., vu l'exposé de la
présente, ordonner que le sieur F.. sera
tenu, après la signification de votre ordonnance à intervenir, à se retrouver par-devant le notaire A.., aux jour et heure qu'il
vous plaira indiquer, pour y compléter l'acte
dont il s'agit, à la forme de la convention
faite entre les parties, notamment sur le
terme du réméré, et qu'à défaut ou refus
de la part du sieur F.., de s'exécuter, il

sera dressé procès-verbal par ledit notaire, des dires et réquisitions de l'exposant ; que dans l'un et l'autre cas du défaut ou refus du sieur F...., le notaire sera tenu de délivrer moyennant salaire compétent, une expédition de l'acte resté imparfait, le tout à la vue de la signification de votre ordonnance, laquelle sera exécutée nonobstant opposition et tous autres empêchemens, et sans y préjudicier ; et ferez justice.

En marge : Ordonnance conforme.

842. La délivrance sera faite, s'il y a lieu, en exécution de l'ordonnance mise ensuite de la requête, et il en sera fait mention au bas de la copie délivrée.

843. En cas du refus de la part du notaire ou dépositaire, il en sera référé au président du tribunal de première instance.

844. La partie qui voudra se faire délivrer une seconde grosse, soit d'une minute d'acte, soit par forme d'ampliation sur une grosse déposée, présentera à cet effet requête au président du tribunal de première instance. En vertu de l'ordonnance qui interviendra, elle fera sommation au notaire pour faire la délivrance à jour et heure indiqués, et aux parties intéressées, pour y être présentes ; mention sera faite de cette ordonnance au bas de la seconde grosse, ainsi

que de la somme pour laquelle on pourra
exécuter, si la créance est acquittée ou
cédée en partie.

8.45. En cas de contestation, les parties
se pourvoiront en référé.

846. Celui qui dans le cours d'une instance voudra se faire délivrer expédition
ou extrait d'un acte dans lequel il n'aura
pas été partie, se pourvoira ainsi qu'il va
être réglé.

La demande à fin de compulsoire sera
formée par requête d'avoué à avoué ; elle
sera portée à l'audience sur un simple acte,
et jugée sommairement sans aucune procédure.

848. Le jugement sera exécutoire nonobstant appel ou opposition.

849. Les procès-verbaux de compulsoire
ou collation seront dressés, et l'expédition ou copie délivrée par le notaire ou dépositaire, à moins que le tribunal qui l'aura
ordonné n'ait commis un de ses membres
ou tout autre juge de tribunal de première
instance, ou un autre notaire.

850. Dans tous les cas, les parties pourront assister au procès-verbal, et y insérer
tels dires qu'elles aviseront.

851. Si les frais et déboursés de la minute de l'acte sont dûs au dépositaire, il

pourra refuser expédition tant qu'il ne sera pas payé desdits frais, outre ceux d'expédition.

852. Les parties pourront collationner l'expédition ou copie à la minute, dont lecture sera faite par le dépositaire ; si elles prétendent qu'elles ne sont pas conformes, il en sera référé à jour indiqué par le procès-verbal au président du tribunal, lequel fera la collation ; à cet effet le dépositaire sera tenu d'apporter la minute.

Les frais de procès-verbal, ainsi que ceux du transport du dépositaire seront avancés par le requérant.

853. Les greffiers et dépositaires des registres publics en délivreront sans ordonnance de justice, expédition, copie ou extrait à tous requérans, à la charge de leurs droits, à peine de dépens dommages et intérêts.

854. Une seconde expédition d'un jugement exécutoire ne sera délivrée à la même partie qu'en vertu d'ordonnance du président du tribunal où il aura été rendu.

Seront observées les formalités prescrites pour la délivrance des secondes grosses des actes devant notaire.

855. Celui qui voudra faire ordonner la rectification d'un acte de l'état civil, pré-

sentera requête au président du tribunal de première instance.

Formule de Requête pour parvenir à la rectification d'un Acte.

A M. le Président du Tribunal de première instance, séant à..

Expose Jean B.., laboureur à.., que dans le contrat de mariage qu'il a contracté avec Denise C.., le.., par-devant N.., notaire à.., il s'est glissé une erreur dans le prénom du beau-père de l'exposant, en énonçant qu'il s'appellait D.. au lieu de P..

Dans ces circonstances, l'exposant recourt à ce qu'il vous plaise, vu le contrat de mariage de l'exposant et l'acte de naissance de son beau-père, joints à la présente, ordonner que par le jugement à intervenir, ladite erreur sera rectifiée, auquel effet mention sera faite du jugement à intervenir, tant en marge de la minute dudit contrat de mariage que de l'expédition d'icelui ; et ferez justice.

En marge est écrit : Soit communiqué au procureur impérial.

Ensuite intervient un jugement qui vise toutes les pièces jointes à la pétition et les conclusions du procureur impérial, et qui ordonne la rectification de l'erreur dans la forme ci-dessus.

Nota. Si l'erreur est considérable et peut intéresser des parens ou tiers, on ordonne préalablement que les parties intéressées seront appelées pour donner et énoncer les causes de leur adhésion ou refus à la rectification demandée.

856. Il y sera statué sur rapport et sur les conclusions du ministère public. Les juges ordonneront, s'ils l'estiment convenable, que les parties intéressées seront appelées, et que le conseil de famille sera préalablement convoqué.

S'il y a lieu d'appeler les parties intéressées, la demande sera formée par exploit, sans préliminaire de conciliation.

Elle le sera par acte d'avoué, si les parties sont en instance.

857. Aucune rectification, aucun changement ne pourront être faits sur l'acte ; mais les jugemens de rectification seront inscrits sur les registres par l'officier de l'état civil aussitôt qu'ils lui auront été remis : mention en sera faite en marge de l'acte réformé, et l'acte ne sera plus délivré qu'avec les rectifications ordonnées, à peine de tous dommages-intérêts contre l'officier qui l'aurait délivré.

558. Dans le cas où il n'y aurait d'autre partie que le demandeur en rectification, et où il croirait avoir à se plaindre du ju-

gement , il pourra , dans les trois mois depuis la date de ce jugement , se pourvoir à la cour d'appel , en présentant au président une requête sur laquelle sera indiqué un jour auquel il sera statué à l'audience sur les conclusions du ministère public.

Voy. pour ce qui concerne la rectification des actes de l'état civil , les articles 99 , 100 et 101 du code civil.

TITRE VI.

De quelques Dispositions relatives à l'envoi en possession des biens d'un Absent (1).

859. Dans le cas prévu par l'article 112

---

(1) *Code civil*, art. 112. S'il y a nécessité de pourvoir à l'administration de tout ou partie des biens laissés par une personne présumée absente , et qui n'a point de procureur fondé , il y sera statué par le Tribunal de première instance, sur la demande des parties intéressées.

Art. 113. Le Tribunal, à la requête de la partie la plus diligente , commettra un notaire pour représenter les présumés absens , dans les inventaires , comptes, partages et liquidations dans lesquels ils seront intéressés.

Art. 114. Le ministère public est spécialement chargé de veiller aux intérêts des personnes présumées absentes , et il sera entendu sur toutes les demandes qui les concernent.

Art. 115. Lorsqu'une personne aura cessé de padu code civil, et pour y faire statuer, il sera présenté requête au président du tri-

---

raître au lieu de son domicile ou de sa résidence, et que depuis quatre ans on n'en aura point eu de nouvelles, les parties intéressées pourront se pourvoir devant le Tribunal de première instance, afin que l'absence soit déclarée.

Art. 116. Pour constater l'absence, le Tribunal, d'après les pièces et documens produits, ordonnera qu'une enquête soit faite contradictoirement avec le commissaire du gouvernement dans l'arrondissement du domicile et dans celui de la résidence, s'ils sont distincts l'un de l'autre.

Art. 117. Le Tribunal, en statuant sur la demande, aura d'ailleurs égard aux motifs de l'absence, et aux causes qui ont pu empêcher d'avoir des nouvelles de l'individu présumé absent.

Art. 118. Le commissaire du gouvernement enverra, aussitôt qu'ils seront rendus, les jugemens, tant préparatoires que définitifs, au grand-juge ministre de la justice, qui les rendra publics.

Art. 119. Le jugement de déclaration d'absence ne sera rendu qu'un an après le jugement qui aura ordonné l'enquête.

Art. 120. Dans les cas où l'absent n'aurait point laissé de procuration pour l'administration de ses biens, ses héritiers présomptifs au jour de sa disparution ou de ses dernières nouvelles, pourront, en vertu du jugement définif qui aura déclaré l'absence, se faire envoyer en possession provisoire des biens qui appartenaient à l'absent au jour de son départ ou de ses dernières nouvelles, à la charge de donner caution pour la sureté de leur administration.

bunal ; sur cette requête , à laquelle seront joints les pièces et documens , le président commettra un juge pour faire le rapport au jour indiqué ; et ce jugement sera prononcé après avoir entendu le procureur impérial.

860. Il sera procédé de même dans le cas où il s'agirait de l'envoi en possession provisoire autorisé par l'article 120 du code civil.

FORMULE de Requête pour demander une déclaration d'Absence , conformément à l'article 859 du code judiciaire et l'article 115 du code civil.

A MM. les Juges du Tribunal de première instance de l'arrondissement de..

Expose N.. , que B.. son frère est absent depuis plus de quatre années , sans qu'on ait reçu aucune de ses nouvelles.

Dans ces circonstances , l'exposant , pour se conformer aux dispositions de la loi concernant les absens , articles 115 et 116 du code civil , recourt à ce qu'il vous plaise ordonner , à la vue des pièces et documens joints à la présente , qu'il sera fait enquête contradictoirement avec le procureur impérial , des faits constatans ladite absence , tant dans l'arrondissement du ci-devant domicile , que dans celui de la ci-devant ré-

sidence de B.., absent, pour à la vue de ladite enquête et sur les conclusions du procureur impérial, être par vous statué ce qu'il appartiendra ; et ferez justice.

En marge est écrit : Soit communiqué au procureur impérial ;

Et depuis, vu l'exposé de la pétition, les pièces jointes à icelle, et les conclusions de M. le procureur impérial, le Tribunal ordonne (*l'ordonnance est conforme aux conclusions*).

FORMULE pour être envoyé en possession des biens d'un Absent, suivant l'article 120 du code civil.

A MM. les Juges du Tribunal de première instance, séant à..

Expose N.., propriétaire à.., que B..., son frère ayant été déclaré absent par un jugement définitif du.., après enquête préalablement faite contradictoirement avec le procureur impérial et à lui communiquée, et n'ayant laissé aucune procuration pour l'administration de ses biens, ni donné de ses nouvelles depuis ledit jugement ;

Recourt à ce qu'il vous plaise, MM., vu l'expédition du jugement de déclaration définitif que vous avez prononcé le.., et les pièces jointes à la présente,

Ordonner que l'exposant, comme héritier présomptif, demeurera, suivant l'article 120 *du code civil*, envoyé en possession provisoire des biens de B.., son frère, aux offres que fait l'exposant de donner bonne et valable caution, pour la sureté et garantie de l'administration de sesdits biens ; et ferez justice.

En marge, etc.

TITRE VII.

Autorisation de la Femme mariée.

861. La femme qui voudra se faire autoriser à la poursuite de ses droits, après avoir fait une sommation à son mari, et sur le refus par lui fait, présentera requête au président, qui rendra ordonnance portant permission de citer le mari à jour indiqué à la chambre du conseil, pour déduire les causes de son refus.

FORMULE de Sommation d'une Femme à son Mari, pour être autorisée à faire quelques actes d'Administration.

L'an.., etc., à la requête de Claudine Barnabé, épouse séparée, quant aux biens du sieur Jérôme Tadini, marchand à..., laquelle fait élection de domicile en l'étude du sieur Alexandre A. . . . . , avoué près

le Tribunal de première instance à.., arrondissement de.., j'ai, N.., huissier près le Tribunal civil à.., dûment patenté sous le n.°.., demeurant à.., sommé et interpellé ledit sieur Jérôme Tadini, parlant à sa personne, de donner, soit sous signature privée, soit par-devant notaire (aux offres de faire état des frais nécessaires pour cet objet), une autorisation suffisante à la Dame requérante, pour qu'elle puisse poursuivre le recouvrement de ses droits paternels, sinon de s'expliquer des raisons de son refus ; lequel sieur Tadini a répondu qu'il ne pouvait donner l'autorisation demandée, attendu que la dame son épouse se laisserait abuser par les offres que lui feraient des gens qui n'étaient pas dignes de sa confiance, et qui journellement cherchaient à la surprendre, et a déclaré sur mon invitation de signer sa réponse, qu'il la signerait sur l'original de mon présent exploit, et de fait, le sieur Tadini ayant pris lecture de la présente sommation, il l'a signée.

En conséquence, j'ai fait pour la dame Barnabé toutes réserves et protestations de droit, et j'ai laissé audit sieur Tadini copie de la présente sommation, en parlant comme dessus. Signé.

FORMULE de Requête à présenter au Tribunal, à la suite de cette Sommation.

A MM. les Juges du Tribunal civil de première instance de l'arrondissement de..

Expose Claudine Barnabé, femme séparée, quant aux biens, du sieur Jérôme Tadini, marchand à..,

Que le.. de ce mois, elle a fait faire sommation au sieur Jérôme Tadini, son mari, par exploit de.., dûment enregistré le.., laquelle sommation sera jointe à la présente, d'avoir à lui donner une autorisation suffisante et en forme, pour que l'exposante puisse poursuivre le recouvrement des droits paternels qui sont en litige. A quoi ledit sieur Tadini s'est refusé en alléguant des exceptions vagues, et qui ne méritent aucune considération aux yeux de la justice, dans une circonstance aussi intéressante que celle où se trouve l'exposante, qui dans tous les temps ne fera rien qui puisse blesser ses intérêts, en prenant la précaution de recourir à des conseils sages et éclairés qui la guideront dans toutes ses démarches.

En conséquence, l'exposante recourt à ce qu'il vous plaise, MM., vu la sommation jointe et l'exposé de la présente, lui permettre de faire citer par-devant vous le sieur

Tadini , pour qu'il ait à déduire des moyens plus pertinens que ceux dont il s'est expliqué , sinon qu'à refus ou défaut de paraître à l'audience ni personne pour lui , et sur les conclusions du procureur impérial , il sera statué sur la validité de la demande de l'exposante , à la forme de l'article 891 du code judiciaire ; et ferez bien.

Permis de citer , etc.

862. Le mari entendu , ou faute par lui de se présenter , il sera rendu , sur les conclusions du ministère public , jugement qui statuera sur la demande de la femme.

863. Dans le cas de l'absence présumée du mari , ou lorsqu'elle aura été déclarée , la femme qui voudra se faire autoriser à la poursuite de ses droits , présentera également requête au président du tribunal , qui ordonnera la communication au ministère public , et commettra un juge pour faire son rapport à jour indiqué.

864. La femme de l'interdit se fera autoriser en la forme prescrite par l'article précédent ; elle joindra à sa requête le jugement d'interdiction.

TITRE VIII.

Des Séparations de Biens.

En droit, le mot de séparation s'applique aux personnes ou aux biens.

Quant aux personnes, la séparation est une scission, un refroidissement emportant aliénation des cœurs et de l'amitié.

Quant aux choses, la séparation se dit de la division, et de la non confusion des biens administrés d'abord en commun, ensuite possédés par chaque partie, à part et divisément.

La séparation de biens s'opère par un jugement qui dissout la société et communauté de biens entre les conjoints par mariage, pour la mauvaise conduite du mari dans l'administration de ses biens et ceux de sa femme, et qui ordonne au mari de restituer à sa femme les biens qu'elle lui a apportés en mariage pour en avoir l'administration.

Les causes de cette séparation sont ou la prodigalité du mari, ou son incapacité d'administrer ses biens, ensorte qu'il les perd et les dissipe, y ayant sujet de craindre qu'il ne dissipe aussi ceux de sa femme.

La cause ordinaire de cette séparation est la dissipation et la mauvais ménage du mari : *Si maritus vergat ad inopiam, matrimonio constante, mulier sibi prospicere potest, dotem repetendo, si evidentissimè appareat mariti facultates ad dotis exactionem non sufficere; quod dignoscitur quandò neque tempus neque finem impensarum habet, et annuatìm impendit plus quàm habet ex reditu. Leg. 24, ff. solut. matrim.; leg. 29, cod. de jure dot.; leg. 1, cod. de curat. furios.*

865. Aucune demande en séparation de biens ne pourra être formée sans une autorisation préalable, que le président du tribunal devra donner sur la requête qui lui sera présentée à cet effet. Pourra néanmoins le président, avant de donner l'autorisation, faire les observations qui lui paraîtront convenables.

FORMULE de Requête pour demander la Séparation de Biens.

A MM. les Juges du Tribunal de première instance de l'arrondissement de..,

Expose Héloïse Mitteau, épouse de Jean Bateau, propriétaire à.., qu'elle contracta mariage avec ledit Bateau en l'an 10. Leurs conventions matrimoniales furent règlées par un acte reçu par..., notaire à...., le..., dûment enregistré le..

Les père et mère de l'exposante lui constituèrent en dot un trousseau en valeur de.., plus, la somme de 2000 fr. en argent comptant, qui fut payée le lendemain de la célébration du mariage audit Bateau, qui en donna quittance en forme aux père et mère de l'exposante.

En l'an 11 , le mari de l'exposante se livra à des spéculations qui ne lui furent point avantageuses ; il acheta différentes denrées

qui s'avarièrent, et qu'il fut obligé de re-
vendre à un prix inférieur à l'achat primitif.

Pour réparer ses pertes, il emprunta auprès de gens peu délicats, des sommes assez
considérables, à un intérêt excessif.

Voilà la source malheureuse de l'état mal-
aisé où se trouve réduite la communauté
de l'exposante.

Journellement Bateau reçoit des lettres
des personnes qui lui ont prêté de l'argent,
qui le menacent de contraintes, et il lui
est impossible de faire face à ses obligations.

Dans ces circonstances, l'exposante court
les plus grands risques de voir absorber sa
dot, par les différentes créances qu'a con-
tractées son mari, et de se voir réduite avec
ses enfans à la plus dure pauvreté.

En conséquence, l'exposante recourt à ce
qu'il vous plaise, MM., vu son contrat
de mariage joint à la présente requête et
l'exposé d'icelle, lui permettre de faire assigner par-devant vous, aux jour et heure
qu'il vous plaira indiquer, tant le sieur Bateau que ses créanciers connus et inconnus,
pour entendre prononcer la séparation de
biens de l'exposante avec ledit Bateau; et
cependant lui permettre, pour sureté de
ses droits, de faire saisir et arrêter tous
les meubles et effets appartenans audit Ba-

teau ; dire que votre ordonnance à intervenir en marge de la présente , sera exé-
cutée à la forme de la loi , nonobstant opposition et appellation , et sans y préjudicier ;
et ferez justice.

Soit communiqué au procureur impérial.

Suivent les conclusions du procureur impérial. A la suite est écrit : Vu la pétition
présentée par H. Mitteau, le soit communiqué au procureur impérial , ses conclusions à la suite , le Tribunal a permis et permet à la dame Mitteau de faire citer dans
les délais et à la forme de la loi, tant ledit sieur Bateau que ses créanciers connus
et inconnus , pour procéder en conséquence
des conclusions prises dans ladite pétition ,
et à telles autres fins qu'il appartiendra.

Et cependant , vu le contrat de mariage
de la dame Mitteau, le Tribunal lui a permis et permet de faire saisir , pour sureté
de ses droits et avantages matrimoniaux ,
tous les meubles et effets dépendans de la
communauté conjugale des mariés Bateau ;
nos ordonnances exécutoires , nonobstant
opposition ni appellation , et sans y préjudicier.

Fait...

866. Le greffier du tribunal inscrira sans

délai , dans un tableau placé à cet effet dans l'auditoire , un extrait de la demande en séparation , lequel contiendra ,

1.º La date de la demande ;

2.º Les noms , prénoms , professions et demeures des époux ;

3.º Les nom et demeure de l'avoué constitué, qui sera tenu de remettre, à cet effet, ledit extrait au greffier dans les trois jours de la demande.

867. Pareil extrait sera inséré dans les tableaux placés à cet effet dans l'auditoire du tribunal de commerce , dans les chambres d'avoués de première instance , et dans celles de notaires , le tout dans les lieux où il y en a ; lesdites insertions seront certifiées par les greffiers et par les secrétaires des chambres.

868. Le même extrait sera inséré , à la poursuite de la femme , dans l'un des journaux qui s'impriment dans le lieu où siège le tribunal ; et s'il n'y en a pas , dans l'un de ceux établis dans le département , s'il y en a.

Ladite insertion sera justifiée ainsi qu'il est dit au titre *de la Saisie Immobilière* , article 683.

869. Il ne pourra être , sauf les actes conservatoires , prononcé sur la demande en

séparation , aucun jugement, qu'un mois après l'observation des formalités ci-dessus prescrites, et qui seront observées à peine de nullité, laquelle pourra être opposée par le mari ou par ses créanciers.

870. L'aveu du mari ne fera pas preuve , lors même qu'il n'y aurait pas de créanciers.

871. Les créanciers du mari pourront , jusqu'au jugement définitif, sommer l'avoué de la femme, par acte d'avoué à avoué, de leur communiquer la demande en séparation et les pièces justificatives , même intervenir pour la conservation de leurs droits, sans préliminaire de conciliation.

872. Le jugement de séparation sera lu publiquement, l'audience tenante au tribunal de commerce du lieu, s'il y en a : extrait de ce jugement contenant la date , la désignation du tribunal où il a été rendu, les noms, prénoms, professions et demeures des époux, sera inséré sur un tableau à ce destiné, et exposé pendant un an dans l'auditoire des tribunaux de première instance et de commerce du domicile du mari, même lorsqu'il ne sera pas négociant ; et s'il n'y a pas de tribunal de commerce, dans la principale salle de la maison commune du domicile du mari. Pareil extrait sera inséré au tableau exposé en la chambre des avoués

et notaires, s'il y en a. La femme ne pourra commencer l'exécution du jugement que du jour où les formalités ci-dessus auront été remplies, sans que néanmoins il soit nécessaire d'attendre l'expiration du susdit délai d'un an.

Le tout sans préjudice des dispositions portées en l'article 1445 du code civil.

873. Si les formalités prescrites au présent titre ont été observées, les créanciers du mari ne seront plus reçus, après l'expiration du délai dont il s'agit dans l'article précédent, à se pourvoir par tierce-opposition contre le jugement de séparation.

874. La renonciation de la femme à la communauté, sera faite au greffe du tribunal saisi de la demande en séparation.

T I T R E   I X.

De la Séparation de corps, et du Divorce.

La séparation de corps et d'habitation est un jugement qui ordonne que les conjoints par mariage seront séparés d'habitation et de biens, en conséquence des mauvais traitemens faits par le mari à sa femme, ou de ses débauches ; de sorte que la femme ne demeurera plus avec son mari, et que le mari restituera les biens qui appartiennent à sa femme, et lui donnera la part qui lui appartient en la communauté, à moins qu'elle n'y renonce.

« La séparation de corps, dit Denisard, et d'habitation, affranchit la femme de l'autorité que la loi donne au mari sur sa personne, de manière que, par cette séparation, la femme devient libre d'administrer, comme bon lui semble, sa personne et ses biens, parce que la séparation de corps emporte toujours celle des biens. »

875. L'époux qui voudra se pourvoir en séparation de corps, sera tenu de présenter au président du tribunal de son domicile, requête contenant sommairement les faits ; il y joindra les pièces à l'appui, s'il y en a.

FORMULE de Requête en Séparation de Corps.

A M. le Président du Tribunal de première instance de l'arrondissement de..., département de..,

Expose Marie Wersalis, épouse de Guillaume Tridan, grenetier à.., qu'elle a eu le malheur de contracter mariage en l'an.. avec ledit Tridan, homme violent et débauché.

Ce particulier a maltraité plusieurs fois l'exposante jusqu'à effusion de sang ; il n'a pas pas même respecté l'état de sa grossesse il y a un mois, en la frappant à coups de bâton et à coups de poing ; et dans l'état affreux où elle se trouva réduite, on appela le sieur N...., officier de santé, qui visita les blessures de l'exposante, lui tira du sang, et mit des appareils sur ses plaies : les traitemens qu'a faits ledit sieur N.... à l'exposante, ont continué depuis le... jusqu'à ce jour, sans avoir pu parvenir à une entière guérison.

L'état où a été trouvée l'exposante à l'époque des excès dudit Tridan, ainsi que celui où elle se trouve présentement, sont constatés par un certificat dudit sieur N...

A l'égard des débauches dudit Tridan, il est vérifié par un exploit de saisie, que pour le paiement d'une somme de... pour dépenses faites dans le cabaret du sieur Pintet, ce dernier a été obligé de recourir à des contraintes qui ont absorbé une partie des meubles de la communauté dudit Tridan avec l'exposante.

D'autre part, Tridan s'étant trouvé, il y a environ deux mois, dans une maison fort peu régulière, avec des gens de sa trempe, fut poursuivi à raison des délits qui accompagnèrent sa débauche, par-devant la police correctionnelle, où il intervint jugement qui condamna Tridan en huit jours de prison, en une amende de dix livres, en cinquante livres de dommages et intérêts an

profit de la personne qui avait reçu des blessures, et aux frais de la procédure.

D'après un tableau aussi affligeant, vous
concevez, Monsieur, que l'exposante ne
pourrait continuer à habiter avec Tridan,
sans courir les plus éminens dangers, soit
pour sa vie, soit pour sa fortune.

Dans ces circonstances, l'exposante recourt à ce qu'il vous plaise, Monsieur, vu
le certificat du sieur N.., officier de santé,
du.., dûment enregistré, la copie de la saisie faite au domicile de l'exposante, par
exploit de l'huissier.., la copie du jugement
rendu en la police correctionnelle, le..,
suivi de l'exploit de contrainte de l'huissier..,
et l'exposé de la présente, permettre à l'exposante d'assigner par-devant vous aux jour
et heure qu'il vous plaira indiquer, pour
ouïr dire que l'exposante sera déclarée femme
séparée de corps dudit Tridan; qu'en conséquence son nom sera inscrit au tableau
des femmes séparées de corps; que ledit
Tridan sera condamné à rendre et restituer à l'exposante sa dot et avantages matrimoniaux exigibles, et aux dépens de l'instance : subsidiairement et dans le cas où il
y aurait quelques difficultés à statuer dès-
à-présent sur les conclusions cette part prises,
il sera permis à l'exposante de faire preuve

dans le temps et à la forme de la loi, par-devant celui de MM. les juges qu'il vous plaira commettre, des mauvais traitemens et sévices auxquels ledit Tridan s'est porté à son égard.

(*Détailler les mauvais traitemens et les différentes époques où ils ont été commis.*)

Et cependant ordonner que l'exposante demeure dès-à-présent autorisée à se retirer dans le domicile de tel parent.., pendant tout le temps que durera le litige.

Ordonner au surplus que votre ordonnance à intervenir en marge de la présente, sera exé-cutée, nonobstant opposition et autres empê-chemens et sans y préjudicier; et ferez justice.

Ordonnance portant permission d'assigner.

Nota. Voyez page 1re. des notes.

876. La requête sera répondue d'une or-donnance portant que les parties comparaî-tront devant le président au jour qui sera indiqué par ladite ordonnance.

877. Les parties seront tenues de com-paraître en personne, sans pouvoir se faire assister d'avoués ni de conseils.

878. Le président fera aux deux époux les représentations qu'il croira propres à opérer un rapprochement; s'il ne peut y parvenir, il rendra, ensuite de la première ordonnance, une seconde portant qu'attendu

qu'il n'a pu concilier les parties , il les renvoie à se pourvoir sans citation préalable , au bureau de conciliation : il autorisera par la même ordonnance la femme à procéder sur la demande , et à se retirer provisoirement dans telle maison dont les parties seront convenues ou qu'il indiquera d'office ; il ordonnera que les effets à l'usage journalier de la femme lui seront remis. Les demandes en provision seront portées à l'audience.

879. La cause sera instruite dans les formes établies pour les autres demandes , et jugée sur les conclusions du ministère public (1).

880. Extrait du jugement qui prononcera la séparation , sera inséré aux tableaux exposés , tant dans l'auditoire des tribunaux, que dans les chambres d'avoués et notaires, ainsi qu'il est dit article 872.

881. A l'égard du divorce , il sera procédé comme il est prescrit au code civil.

---

(1) *Code civil*, art. 307. « Elle (la demande en séparation de corps) sera intentée, instruite et jugée de la même manière que toute autre action civile ; elle ne pourra avoir lieu par le consentement mutuel des époux.

TITRE X.

Des Avis de Parens (1).

On nomme *avis de parens* un acte qui se rédige
en l'hôtel du juge , lorsque des parens s'y assemblent

---

(1) *Code civil*, art. 405. Lorsqu'un enfant mineur
et non émancipé restera sans père ni mère, ni tuteur élu par ses père ou mère, ni ascendans mâles;
comme aussi lorsque le tuteur de l'une des qualités
ci-dessus exprimées, se trouvera ou dans le cas des
exclusions dont il sera ci-après parlé, ou valablement
excusé, il sera pourvu, par un conseil de famille,
à la nomination d'un tuteur.

Art. 406. Ce conseil sera convoqué , soit sur la
réquisition et à la diligence des parens du mineur,
de ses créanciers ou d'autres parties intéressées, soit
même d'office et à la poursuite du juge de paix du
domicile du mineur. Toute personne pourra dénoncer à
ce juge de paix le fait qui donnera lieu à la nomination d'un tuteur.

Art. 407. Le conseil de famille sera composé, non
compris le juge de paix, de six parens ou alliés, pris
tant dans la commune où la tutelle sera ouverte ,
que dans la distance de 2 myriamètres (4 lieues),
moitié du côté paternel , moitié du côté maternel,
et en suivant l'ordre de proximité dans chaque ligne.

Le parent sera préféré à l'allié du même degré ,
et parmi les parens de même degré, le plus âgé à
celui qui le sera le moins.

Art. 408. Les frères germains du mineur et les

pour délibérer entre eux sur des évènemens qui intéressent des mineurs, des insensés, des furieux, des

---

maris des sœurs germaines sont seuls exceptés de la
limitation du nombre posée en l'article précédent.

S'ils sont six ou au-delà, ils seront tous membres
du conseil de famille qu'ils composeront seuls, avec
les veuves d'ascendans, et les ascendans valablement
excusés, s'il y en a.

S'ils sont en nombre inférieur, les autres parens
ne seront appelés que pour compléter le conseil.

Art. 409. Lorsque les parens ou alliés de l'une ou de
l'autre ligne, se trouveront en nombre insuffisant sur
les lieux, ou dans la distance désignée par l'art. 407,
le juge de paix appellera, soit des parens ou alliés
domiciliés à de plus grandes distances, soit, dans la
commune même, des citoyens connus pour avoir eu des
relations habituelles d'amitié avec le père ou la mère
du mineur.

Art. 410. Le juge de paix pourra, lors même qu'il
y aurait sur les lieux un nombre suffisant de parens
ou alliés, permettre de citer à quelque distance qu'ils
soient domiciliés, des parens ou alliés plus proches
en degrés, ou de même degré que les parens ou alliés
présens, de manière toutefois que cela s'opère en re-
tranchant quelques-uns de ces derniers et sans excéder le nombre réglé par les précédens articles.

Art. 411. Le délai pour comparaître sera réglé par
le juge de paix à jour fixe, mais de manière qu'il
y ait toujours, entre la citation notifiée et le jour
indiqué pour la réunion du conseil, un intervalle de
trois jours au moins, quand toutes les parties citées

prodigues , et autres personnes qui ne peuvent se conduire elles-mêmes , ni gérer leurs biens.

---

résideront dans la commune ou dans la distance de 2 myriamètres.

Toutes les fois que, parmi les parties citées, il s'en trouvera de domiciliées au-delà de cette distance, le délai sera augmenté d'un jour par 3 myriamètres.

Art. 412. Les parens, alliés ou amis ainsi convoqués, seront tenus de se rendre en personne, ou de se faire représenter par un mandataire spécial.

Le fondé de pouvoir ne peut représenter plus d'une personne.

Art. 413. Tout parent, allié ou ami, convoqué, et qui, sans excuse légitime, ne comparaîtra point, encourra une amende qui ne pourra excéder cinquante francs, et sera prononcée sans appel par le juge de paix.

Art. 414. S'il y a excuse suffisante et qu'il convienne soit d'attendre le membre absent, soit de le remplacer; en ce cas, comme en tout autre , où l'intérêt du mineur semblera l'exiger, le juge de paix pourra ajourner l'assemblée ou la proroger.

Art. 415. Cette assemblée se tiendra de plein droit chez le juge de paix, à moins qu'il ne désigne lui-même un autre local : la présence des trois quarts au moins de ses membres convoqués sera nécessaire pour qu'elle délibère.

Art. 416. Le conseil de famille sera présidé par le juge de paix, qui y aura voix délibérative et prépondérante en cas de partage.

Art. 417. Quand le mineur domicilié en France possédera des biens dans les colonies, ou réciproque-

882. Lorsque la nomination d'un tuteur n'aura pas été faite en sa présence , elle lui sera notifiée à la diligence du membre de l'assemblée qui aura été désigné par elle ; ladite notification sera faite dans les trois jours de la délibération , outre un jour par trois miryamètres de distance entre le lieu où s'est tenue l'assemblée et le domicile du tuteur.

883. Toutes les fois que les délibérations du conseil de famille ne seront pas unanimes , l'avis de chacun des membres qui le composent sera mentionné dans le procès-verbal.

Les tuteur, subrogé-tuteur ou curateur , même les membres de l'assemblée, pourront se pourvoir contre la délibération ; ils formeront leur demande contre les membres qui auront été d'avis de la délibération , sans qu'il soit nécessaire d'appeler en conciliation.

884. La cause sera jugée sommairement.

885. Dans tous les cas où il s'agit d'une délibération sujète à homologation , une

---

ment , l'administration spéciale de ses biens sera donnée à un protuteur.

En ce cas , le tuteur et le protuteur seront indépendans , et non responsables l'un envers l'autre pour leur gestion respective.

expédition de la délibération sera présentée au président, lequel, par ordonnance au bas de ladite délibération, ordonnera la communication au ministère public, et commettra un juge pour en faire le rapport à jour indiqué.

886. Le procureur impérial donnera ses conclusions au bas de ladite ordonnance; la minute du jugement d'homologation sera mise à la suite desdites conclusions sur le même cahier.

887. Si le tuteur, ou autre chargé de poursuivre l'homologation, ne le fait dans le délai fixé par la délibération, ou à défaut de fixation dans le délai de quinzaine, un des membres de l'assemblée pourra poursuivre l'homologation contre le tuteur, et aux frais de celui-ci, sans répétition.

888. Ceux des membres de l'assemblée qui croiront devoir s'opposer à l'homologation, le déclareront par acte extrajudiciaire, à celui qui est chargé de la poursuivre; et s'ils n'ont pas été appelés, ils pourront former opposition au jugement.

889. Les jugemens rendus sur délibération du conseil de famille, seront sujets à l'appel (1).

______

(1) *Code civil.* Art. 446. Toutes les fois qu'il y

TITRE XI.

De l'Interdiction (1).

On nomme *interdiction* un jugement qui prive

---

aura lieu à une destitution de tuteur, elle sera prononcée par le conseil de famille, convoqué à la diligence du subrogé tuteur, ou d'office par le Juge de paix.

Celui-ci ne pourra se dispenser de faire cette convocation, quand elle sera formellement requise par un ou plusieurs parens ou alliés du mineur, au degré de cousin germain, ou à des degrés plus proches.

Art. 447. Toutes délibérations du conseil de famille qui prononcera l'exclusion ou la destitution du tuteur, sera motivée, et ne pourra être prise qu'après avoir entendu ou appelé le tuteur.

Art. 448. Si le tuteur adhère à la délibération, il en sera fait mention, et le nouveau tuteur entrera aussitôt en fonctions.

S'il y a réclamation, le subrogé tuteur poursuivra l'homologation de la délibération devant le Tribunal de première Instance, qui prononcera sauf l'appel.

Le tuteur exclus ou destitué peut lui-même, en ce cas, assigner le subrogé tuteur pour se faire déclarer maintenu en la tutelle.

Art. 449. Les parens ou alliés qui auront requis la convocation, pourront intervenir dans la cause qui sera instruite et jugée comme affaire urgente.

(1) *Code civil*. Art 489. Le majeur qui est dans un état habituel d'imbécillité, de démence ou de

quelqu'un de l'administration de ses biens, et même quelquefois de sa personne.

---

fureur, doit être interdit, même lorsque cet état présente des intervalles lucides.

Art. 490. Tout parent est recevable à provoquer l'interdiction de son parent; il en est de même de l'un des époux à l'égard de l'autre.

Art. 491. Dans le cas de fureur, si l'interdiction n'est provoquée ni par l'époux ni par les parens, elle doit l'être par le commissaire du gouvernement, qui, dans les cas d'imbécillité ou de démence, peut aussi la provoquer contre un individu qui n'a ni époux, ni épouse, ni parens connus.

Art. 492. Toute demande en interdiction sera portée devant le Tribunal de première instance.

Art. 493. Les faits d'imbécillité, de démence ou de fureur, seront articulés par écrit; ceux qui poursuivront l'interdiction, présenteront les témoins et les pièces.

Art. 494. Le Tribunal ordonnera que le conseil de famille formé selon le mode déterminé à la section IV du chapitre 2 du titre *de la Minorité*, *de la Tutelle et de l'émancipation*, donne son avis sur l'état de la personne dont l'interdiction est demandée.

Art. 495. Ceux qui auront provoqué l'interdiction, ne pourront faire partie du conseil de famille; cependant l'époux ou l'épouse, et les enfans de la personne dont l'interdiction sera provoquée, pourront y être admis sans y avoir voix délibérative.

Art. 496. Après avoir reçu l'avis du conseil de famille, le Tribunal interrogera le défendeur à la chambre du conseil ; s'il ne peut s'y présenter, il

890. Dans toute poursuite d'interdiction, les faits d'imbécillité , de démence ou de

---

sera interrogé dans sa demeure par l'un des juges à ce commis, assisté du greffier; dans tous les cas , le commissaire du Gouvernement sera présent à l'interrogatoire.

Art. 497. Après le premier interrogatoire, le Tribunal commettra, s'il y a lieu, un administrateur provisoire, pour prendre soin de la personne et des biens du défendeur.

Art. 498. Le jugement sur une demande en interdiction ne pourra être rendu qu'à l'audience publique, les parties entendues ou appelées.

Art. 499. En rejetant la demande en interdiction , le Tribunal pourra néanmoins, si les circonstances l'exigent, ordonner que le défendeur ne pourra désormais plaider, transiger, emprunter, recevoir un capital mobilier, ni en donner décharge, aliéner ni grever ses biens d'hypothèques, sans l'assistance d'un conseil qui lui sera nommé par le même jugement.

Art. 500. En cas d'appel du jugement rendu en première instance, le Tribunal d'appel pourra, s'il le juge nécessaire , interroger de nouveau , ou faire interroger par un commissaire, la personne dont l'interdiction est demandée.

Art. 501. Tout jugement portant interdiction ou nomination d'un conseil, sera, à la diligence des demandeurs, levé, signifié à partie, et inscrit, dans les dix jours, sur les tableaux qui doivent être affichés dans la salle de l'auditoire et dans les études des notaires de l'arrondissement.

fureur, seront énoncés en la requête présentée au président du tribunal ; on y joindra les pièces justificatives, et l'on indiquera les témoins.

891. Le président du tribunal ordonnera la communication de la requête au ministère public, et commettra un juge pour faire rapport à jour indiqué.

892. Sur le rapport du juge et les conclusions du procureur impérial, le tribunal ordonnera que le conseil de famille formé selon le mode déterminé par le code civil, section IV du chapitre II, au titre de la *Minorité*, *de la Tutelle*, *et de l'Émancipation*, donnera son avis sur l'état de la personne dont l'interdiction est demandée.

893. La requête et l'avis du conseil de famille seront signifiés au défendeur avant qu'il soit procédé à son interrogatoire.

Si l'interrogatoire et les pièces produites sont insuffisans, et si les faits peuvent être justifiés par témoins, le tribunal ordonnera s'il y a lieu, l'enquête qui se fera en la forme ordinaire.

Il pourra ordonner, si les circonstances l'exigent, que l'enquête sera faite hors de la présence du défendeur, mais dans ce cas son conseil pourra le représenter.

894. L'appel interjeté par celui dont l'in-

terdiction aura été prononcée , sera dirigée contre le provoquant.

L'appel interjeté par le provoquant ou par un des membres de l'assemblée , le sera contre celui dont l'interdiction aura été provoquée.

En cas de nomination de conseil , l'appel de celui auquel il aura été donné , sera dirigé contre le provoquant.

895. S'il n'y a pas d'appel du jugement d'interdiction, ou s'il est confirmé sur l'appel , il sera pourvu à la nomination d'un tuteur et d'un subrogé tuteur à l'interdit , suivant les règles prescrites au titre *des Avis de Parens*.

L'administrateur provisoire nommé en exécution de l'article 497 du code civil , cessera ses fonctions et rendra compte au tuteur, s'il ne l'est pas lui-même.

896. La demande en main-levée d'interdiction sera instruite et jugée dans la même forme que l'interdiction.

897. Le jugement qui prononcera défenses de plaider, transiger , emprunter , recevoir un capital mobilier , en donner décharge , aliéner ou hypothéquer sans assistance de conseil , sera affiché dans la forme prescrite par l'article 501 du code civil.

FORMULE *d'Interdiction.*

A MM. les juges du Tribunal civil de l'arrondissement de.. ,

Expose Jean-Baptiste Adolphe, négociant à.. , cousin germain de Jérôme Adolphe, propriétaire à... , que ce jeune-homme âgé d'environ vingt-six ans , fait depuis environ six mois des actes de démence qui se réitèrent presque tous les jours.

Ces actes de démence , les uns sont constatés par écrit, les autres peuvent être acquis par le témoignage de nombre de citoyens honnêtes , qui gémissent avec l'exposant sur l'état malheureux dudit Jérôme Adolphe.

Dans le cours du mois de.. , il a souscrit une promesse de trois cents francs au profit du sieur N.. , pour se procurer des livres d'astronomie, tandis qu'il n'a pas la moindre notion des mathématiques , et cette promesse a été remise à l'exposant par ledit sieur N..

Au mois de.... , il a envoyé à une dame infiniment honnête une promesse de cinquante louis d'or , à la condition que cette dame viendrait passer auprès de lui , à la campagne, une quinzaine de jours , sans être accompagnée ni de son mari ni d'aucun domestique : cette dame , assistée de son mari , a également remis la promesse en question à l'exposant.

Il est de notoriété publique qu'on voit journellement ledit sieur Jérôme Adolphe jouer avec des enfans de huit à dix ans sur les places publiques, en les engageant à faire de petits combats par troupe ; et lorsque les passans s'arrêtent pour considérer ses extravagances, il leur dit des injures et les menace de leur jeter des pierres : les témoins qui seront entendus, s'expliqueront en détail sur les circonstances de ces sortes d'extravagances.

L'exposant se croit bien fondé à dénoncer tous ces faits à la justice, et il recourt à ce qu'il vous plaise, MM., vu l'exposé de la présente, ensemble les pièces jointes, ordonner que le conseil de famille du sieur Jérôme Adolphe sera formé conformément aux dispositions de la loi, par-devant le juge de paix du domicile dudit sieur Jérôme Adolphe, pour donner son avis sur son état, et s'il y a lieu à poursuivre son interdiction ; et ferez bien. Signé J.-B. Adolphe.

En marge est écrit : soit communiqué au procureur impérial.

Fait à... , le... Signé.

Le procureur impérial soussigné, qui a vu l'exposé de la présente pétition et pièces jointes , requiert qu'en conformité des articles 415 et 416 du code civil et à la diligence du sieur J.-B. Adolphe , les parens du sieur Jérôme Adolphe seront convoqués par-devant le juge de paix de l'arrondissement du domicile dudit Jérôme Adolphe , pour donner leur avis sur l'état de sa personne , et s'il y a lieu de prononcer son interdiction , pour , la délibération à intervenir , rapportée au tribunal et à nous communiquée , être requis et statué ce qu'il appartiendra. *Signé.*

Nota. Jugement conforme aux conclusions.

FORMULE *du Procès-verbal de l'Assemblée de Parens.*

Nous tel , juge de paix de l'arrondissement de.. , savoir faisons que cejourd'hui.. *(date des jour , mois , an et heure)* , en notre domicile , etc... , a comparu le sieur Jean-Baptiste Adolphe , négociant à.. , cousin germain de Jérôme Adolphe , propriétaire à.. , lequel nous a représenté qu'en exécution du jugement rendu le.. , par le Tribunal civil de l'arrondissement de.. , sur la pétition par lui présentée , il a fait citer par-devant nous , à ces présens jour , lieu et heure , les sieurs N. N. N. , parens paternels et maternels du sieur Jérôme Adolphe , propriétaire à..., par exploit de N...., notre appariteur, du..., dûment enregistré, dont il remet présentement sur notre bureau l'original, ainsi que les deux pièces rappelées dans la pétition par lui présentée au Tribunal civil, nous invitant à lui donner acte de ses diligences, et à recevoir l'avis et la délibération des six parens comparaissans, ensemble de la déclaration qu'il fait, qu'il ne donnera point son avis et qu'il se retire présentement de l'assemblée, et s'est soussigné.

Sur quoi, nous juge de paix susdit, avons donné acte audit sieur J.-B. Adolphe, du dépôt qu'il a fait sur notre bureau, 1.º du jugement rendu sur sa pétition, par le Tribunal civil de ., le.., dûment enregistré; 2.º de l'exploit de citation faite par notre appariteur, le.., dûment enregistré; 3.º des deux promesses souscrites par Jérôme Adolphe, lesquelles deux pièces seront paraphées par nous et notre greffier.

Nous avons pareillement donné acte audit sieur J.-B. Adolphe de ses invitation et déclaration; et attendu que les sieurs N. N. N. N. N. N. comparaissent, nous les avons invités à donner, conjointement avec nous, leur avis sur l'état dudit Jérôme Adolphe, et à délibérer, à la vue des faits articulés par le sieur J.-B. Adolphe, s'il y a lieu à poursuivre l'interdiction dudit Jérôme Adolphe.

A quoi obtempérant, lesdits sieurs N. N., etc., parens paternels et maternels, ont déclaré unanimement que les faits articulés par le sieur J.-B. Adolphe, n'étaient malheureusement que trop réels, que tous les citoyens de cette ville en étaient instruits; en conséquence, il a été délibéré qu'il y avait lieu à poursuivre l'interdiction de Jérôme Adolphe; ce qui sera fait à la diligence et sur les poursuites du sieur J.-B. Adolphe, et se sont lesdits sieurs parens soussignés avec nous et notre greffier, les jour et an susdits.

Autre Pétition du poursuivant l'Interdiction.

A MM. les Juges du Tribunal de première instance, etc.

Expose J.-B. Adolphe, négociant à..., qu'en exécution du jugement qu'il vous a plu rendre le.., il a fait citer par-devant le juge de paix les parens paternels et maternels de Jérôme Adolphe, propriétaire à.., pour donner leur avis sur son état, et délibérer sur les poursuites à faire pour parvenir à son interdiction.

La délibération a été formée le..; il ne s'agit plus que de faire entendre les témoins

sur les faits détaillés dans la première pétition que l'exposant a eu l'honneur de vous
présenter : ces témoins sont les sieurs M.
M. M. M. M. Par ces considérations l'exposant recourt à ce qu'il vous plaise, MM.,
ordonner qu'à la diligence de M. le procureur impérial, les témoins désignés seront
cités pour être ouïs par-devant celui de MM.
qu'il vous plaira députer commissaire, aux
jour et heure indiqués, pour l'enquête à vous
rapportée, être ordonné ce qu'il appartiendra ; et ferez bien.

En marge est écrit : Soit communiqué au
procureur impérial.

Fait à..

Vu la pétition ci-dessus, l'ordonnance
de soit communiqué, je n'empêche.

Fait..

Jugement conforme aux conclusions de
la pétition.

Procès-verbal d'enquête. Voyez le modèle dans le
code judiciaire, page 156, tome 1.er

*PÉTITION à l'effet de faire interroger par-
devant un commissaire* Jérôme Adolphe.

Conclusions de la pétition :

A ce qu'il plaise au Tribunal, vu les différens procès-verbaux faits en exécution de
son jugement du.., et l'exposé de la pré-

sente, nommer un de MM. pour commissaire, pour interroger *Jérôme Adolphe*, tant sur les actes par lui souscrits que sur les faits consignés dans l'enquête du.., et sur tous ceux sur lesquels il plaira à M. le commissaire d'interroger d'office ; et ferez bien.

Soit communiqué au procureur impérial.
Fait à..

Suit le réquisitoire du procureur impérial : Je n'empêche, à la condition que les interrogatoires seront subis en notre présence, à la forme de l'article 496 du code civil.

Jugement conforme qui commet M. un tel pour procéder aux interrogatoires requis, en la chambre du conseil, à tels jour et heure, en présence du procureur impérial.

Procès-verbal d'interrogatoire.

Nous *F....*, juge au Tribunal civil de première instance de l'arrondissement de.., assisté de N.., l'un de nos greffiers-commis, savoir faisons que cejourd'hui.., heure de.., en la chambre du conseil, et en exécution du jugement rendu par le Tribunal, le.., nous avons fait entrer en ladite chambre du conseil le sieur Jérôme Adolphe, propriétaire à.., qui était assisté de N. N.., et en présence du procureur impérial, il a été procédé aux interrogatoires , ainsi qu'il suit :

Comment vous appelez-vous ?.. *R.* Jérôme Adolphe , fils majeur , âgé de.. , propriétaire demeurant à.. *D.* Savez-vous pourquoi vous êtes traduit devant le Tribunal ?.. *R.* Qu'il l'ignore. *D.* N'avez-vous pas fait des promesses à différentes personnes , l'une de la somme de.. , et l'autre de telle somme ? *R.* Je ne sais pas ce que vous voulez me dire.

A l'instant nous avons représenté les deux promesses souscrites par ledit Jérôme Adolphe , et lui avons demandé : ne reconnaissez-vous pas votre écriture ? Au lieu de répondre à notre interrogat, il s'est jeté avec violence sur les deux pièces ; le procureur impérial , notre greffier et nous avons eu beaucoup de peine à les lui ôter. Nous avons demandé ensuite au répondant : pourquoi vouliez-vous déchirer ces papiers ? répond : c'était mon plaisir , et j'en voulais faire des papillotes.

N'avez-vous pas joué différentes fois sur des places publiques de cette ville avec des enfans de 7 à 8 ans ? répond : je ne m'en souviens pas ; mais je serais prêt à le faire encore parce que cela m'amuse beaucoup.

Lorsque vous preniez ces sortes de divertissemens indécens pour votre état et votre âge, n'insultiez-vous pas les passans qui s'arrêtaient pour vous examiner?

Je ne trouvais pas bon que ces gens-là m'examinassent; chacun est libre de faire ses folies comme il lui plaît, et je me moque du qu'en dira-t-on : ils ont bien fait de se retirer, car je les aurais couverts de boue, ou accablés par une grêle de sable.

D. Ne vous proposez-vous pas de mener une vie plus régulière et plus décente?

R. Je me propose de faire toutes mes volontés sans que personne puisse y trouver à redire, et si quelqu'un n'en est pas content, il n'a qu'à me tourner le dos.

D. Ne savez-vous pas que vos parens et la justice peuvent et doivent prendre des précautions pour arrêter vos écarts?

R. Si on prend des précautions contre moi, je ferai pire, et c'est ce dont on peut être assuré; vous m'ennuyez tous, et rien ne me retient que je ne prenne votre sale écritoire pour en barbouiller votre griffonnage et vos figures.

Lecture faite des interrogatoires, etc., la clôture et les signatures.

PÉTITION pour faire commettre un Administrateur provisoire.

A MM. les Juges, etc.

Expose J.-B. Adolphe, etc., qu'en conséquence du jugement par vous rendu le..., il a été procédé aux interrogatoires de Jérôme Adolphe, par-devant M.., député commissaire.

Il doit résulter de cet interrogatoire la preuve la plus complète et la moins équivoque de la démence de Jérôme Adolphe.

Il est pressant de lui donner provisoirement un administrateur, tant pour sa personne que pour ses biens, attendu, d'une part, que son état empire tous les jours, et de l'autre, qu'il y a urgence pour vaquer à la récolte des héritages emblavés en tel canton, etc.

Par ces considérations, l'exposant recourt à ce qu'il vous plaise, MM., vu toute la procédure cette part faite, et notamment les interrogatoires et réponses dudit Jérôme Adolphe, lui nommer un administrateur provisoire à sa personne et à ses biens, à la forme de l'article 497 du code civil; et ferez bien.

En marge est écrit : Soit communiqué, etc. Fait à.. Suivent les conclusions du procureur impérial.

Le Tribunal, vu..., etc., a nommé et nomme pour administrateur provisoire à la personne et aux biens, le sieur.., etc., lequel assistant au présent procès-verbal , **a** déclaré qu'il acceptait ladite nomination , et a promis de bien et fidèlement en remplir les fonctions qui lui sont confiées , et s'est soussigné avec nous et notre greffier.

PÉTITION pour faire venir à l'Audience publique.

A MM. les Juges , etc.

Expose J.-B. Adolphe , etc. , que par procès-verbal du.. , vous avez nommé à Jérôme Adolphe un administrateur provisoire ; il ne s'agit plus que de prononcer son interdiction , et l'exposant ne pense pas que cela puisse faire l'objet d'un doute raisonnable : pour y parvenir , il faut , en conformité de l'article 498 du code civil , qu'il y soit statué à l'audience publique du Tribunal , en présence des parties intéressées , ou'icelles dûment appelées ; et attendu que le cas requiert célérité , vous voudrez bien accorder la permission de citer J. Adolphe , au domicile de son administrateur provisoire, qui le fera conduire à votre audience , pour entendre prononcer sur les conclusions qu'y prendra l'exposant , à ce que ledit Jérôme Adolphe soit déclaré interdit , et que son nom soit inscrit au tableau des personnes interdites pour cause de démence ; déclarant l'exposant qu'il constitue pour son procureur le sieur N.. , avoué près notre Tribunal ; et ferez bien. Signé J.-B. Adolphe, et N.. , avoué.

En marge est écrit : Permis de citer tous qu'il appartiendra extraordinairement à l'audience du....

Fait à.., le..

FORMULE *de Jugement.*

Audience du.., etc.. Entre le sieur J.-B. Adolphe, demandeur aux fins de sa citation par exploit de.., huissier, etc., dûment enregistré ;

Contre Jérôme Adolphe, etc., assisté du sieur N.., son administrateur provisoire, défendeur et cité par le susdit exploit.

Question.

Il s'agit de savoir si Jérôme Adolphe, ayant souscrit des promesses inconsidérées et marquées au coin de l'extravagance, et ayant d'autre part donné des marques de démence, tant sur les places publiques de cette ville que dans le procès-verbal d'interrogatoire fait par le commissaire du Tribunal, à ce député le.., qui était assisté du procureur impérial, doit être privé de la faculté d'administrer ses biens, et interdit ?

Faits.

Les faits de démence articulés sont, 1.º (*rappeler les faits*).

Ouï à notre audience tel, avoué de J.-B. Adolphe, demandeur, lequel a plaidé les faits détaillés dans les différens procès-verbaux de tels et tels jours, et a pris des conclusions relatives à la pétition faite pour introduire la cause à l'audience ;

Ouï de nouveau en personne J. Adolphe, qui a fait telles et telles démonstrations, ensemble le sieur N.., son administrateur, qui a déclaré qu'il s'en remettait à notre prudence ;

Ouï aussi le procureur impérial en ses conclusions ;

Le Tribunal, considérant que les différens faits de démence sont constatés jusqu'à l'évidence, et qu'il y aurait le plus grand danger à laisser plus long-temps J. Adolphe jouir de son état primitif de citoyen, a déclaré et déclare ledit Jérôme Adolphe interdit de l'administration de ses biens, lui nomme pour administrateur provisoire à ses personne et biens, le sieur N.., et que son nom sera inscrit aux tableaux des personnes interdites pour cause de démence ; et à l'instant le sieur N.., en déclarant qu'il acceptait la nomination d'administrateur provisoire dudit Jérôme Adolphe, a promis par serment de bien et fidèlement remplir les fonctions de sa charge, jusqu'à ce que ledit J. Adolphe ait été pourvu d'un tuteur et subrogé tuteur à la forme de l'article 505 du code civil.

Nota 1.° S'il résulte de la discussion de l'affaire que celui qu'on veut interdire n'ait pas fait des actes de démence bien marquans, mais que cependant il y ait du danger à lui laisser la pleine et entière administration de ses biens, le Tribunal, toujours sur les conclusions du Procureur impérial, peut, à la forme de l'art. 499 du code, rejeter la demande en interdiction, *et ordonner qu'un tel ne pourra désormais plaider, transiger, emprunter, recevoir un capital mobilier, ni en donner décharge, aliéner ni grever ses biens d'hypothèques, sans être assisté du sieur....., que le Tribunal lui nomme pour conseil.*

Nota 2°. Pour l'affiche des jugemens d'interdiction ou de simple nomination de conseil, il faut se conformer à l'art. 501.

TITRE XII.

Du Bénéfice de Cession.

La cession de biens est un bénéfice que les lois accordent aux débiteurs malheureux pour les délivrer de la contrainte par corps à laquelle certaines dettes les assujettisent.

Il y a deux espèces de cessions; l'une volontaire, et l'autre forcée. La volontaire est celle que les créanciers acceptent sans procédure ; celle-là n'est sujète qu'aux formalités nécessaires aux abandonnemens et aux attermoiemens ; elle laisse le débiteur en l'état où il était auparavant, et c'est le contrat passé entre lui et ses créanciers qui leur fait la loi.

La cession forcée est celle que le débiteur contraint ses créanciers d'accepter, pouvu qu'ils n'aient pas à lui opposer le dol ou la fraude.

Il y a différentes fins de non-recevoir à opposer à ceux qui demandent à être admis à la cesssion de biens, tirées de leurs qualités : par exemple, celle d'étranger, de tuteur, fermier, etc. Voyez l'Ordonnance de 1673, titre **X**, et les commentateurs de cette Ordonnance, notamment *Savary, Jousse, etc.*

Le bénéfice de cession, suivant le code civil, est ainsi conçu :

Art. 1265. La cession de biens est l'abandon qu'un débiteur fait de tous ses biens à ses créanciers, lorsqu'il se trouve hors d'état de payer ses dettes.

Art. 1266. La cession de biens est volontaire ou judiciaire.

Art. 1267. La cession de biens volontaire est celle que les créanciers acceptent volontairement, et qui n'a d'effet que celui résultant des stipulations mêmes du contrat passé entre eux et le débiteur.

Art. 1268. La cession judiciaire est un bénéfice que la loi accorde au débiteur malheureux et de bonne-foi auquel il est permis, pour avoir la liberté de sa personne, de faire en justice l'abandon de tous ses biens à ses créanciers, nonobstant toute stipulation contraire.

Art. 1269. La cession judiciaire ne confère point la propriété aux créanciers ; elle leur donne seulement le droit de faire vendre les biens à leur profit, et d'en percevoir les revenus jusqu'à la vente.

Art. 1270. Les créanciers ne peuvent refuser la cession judiciaire, si ce n'est dans les cas exceptés par la loi.

Elle opère la décharge de la contrainte par corps.

Au surplus, elle ne libère le débiteur que jusqu'à concurrence de la valeur des biens abandonnés ; et dans le cas où ils auraient été insuffisans, s'il lui en survient d'autres, il est obligé de les abandonner jusqu'au parfait paiement.

898. Les débiteurs qui seront dans le cas de réclamer la cession judiciaire accordée par l'article 1268 du code civil, seront tenus, à cet effet, de déposer au greffe du tribunal où la demande sera portée, leur bilan, leurs livres s'ils en ont, et leurs titres actifs.

899. Le débiteur se pourvoira devant le tribunal de son domicile.

900. La demande sera communiquée au ministère public ; elle ne suspendra l'effet d'aucunes poursuites , sauf aux juges à ordonner, parties appelées, qu'il sera sursis provisoirement.

901. Le débiteur admis au bénéfice de cession , sera tenu de réitérer sa cession en personne et non par procureur , ses créanciers appelés à l'audience du tribunal de commerce de son domicile, et s'il n'y en a pas, à la maison commune, un jour de

séance : la déclaration du débiteur sera constatée dans ce dernier cas par procès-verbal de l'huissier, qui sera signé par le maire.

902. Si le débiteur est détenu, le jugement qui l'admettra au bénéfice de cession, ordonnera son extraction avec les précautions en tel cas requises et accoutumées, à l'effet de faire sa déclaration conformément à l'article précédent.

903. Les nom, prénom, profession et demeure du débiteur seront insérés dans un tableau public à ce destiné, placé dans l'auditoire du tribunal de commerce de son domicile, ou du tribunal de première instance qui en fait les fonctions, et dans le lieu des séances de la maison-commune.

904. Le jugement qui admettra au bénéfice de cession, vaudra pouvoir aux créanciers, à l'effet de faire vendre les biens meubles et immeubles du débiteur, et il sera procédé à cette vente dans les formes prescrites pour les héritiers sous bénéfice d'inventaire.

905. Ne pourront être admis au bénéfice de cession les étrangers, les stellionataires, les banqueroutiers frauduleux, les personnes condamnées pour cause de vol ou d'escroquerie, ni les personnes comptables, tuteurs, administrateurs et dépositaires.

906. Il n'est au surplus rien préjugé par les dispositions du présent titre à l'égard du commerce, aux usages duquel il n'est, quant à présent, rien innové.

LIVRE DEUXIEME.

PROCÉDURES RELATIVES A L'OUVERTURE D'UNE SUCCESSION.

TITRE I.er

De l'Apposition des Scellés après décès.

On nomme *Scellé*, l'application du sceau du juge ou d'un commissaire, sur les portes, coffres et serrures de quelqu'un, pour saisir la justice des meubles et effets qui y sont enfermés, et les conserver à ceux qui y ont quelque droit ou intérêt.

Le scellé s'appose dans trois cas, 1°. après le décès de quelqu'un; 2°. lorsqu'un débiteur est en faillite, et 3°. lorsqu'un homme est prévenu de crimes, et que le juge présume qu'il peut se trouver des preuves dans les effets de l'accusé.

907. Lorsqu'il y aura lieu à l'apposition des scellés après décès, elle sera faite par les juges de paix, et à leur défaut par leurs suppléans.

908. Les juges de paix et leurs suppléans se serviront d'un sceau particulier, qui restera entre leurs mains, et dont l'empreinte sera déposée au greffe du tribunal de première instance.

909. L'apposition des scellés pourra être requise,

1.º Par tous ceux qui prétendront droit dans la succession ou dans la communauté ;

2.º Par tous créanciers fondés en titre exécutoires ou autorisés par une permission, soit du président du tribunal de première instance, soit du juge de paix du canton où le scellé doit être apposé ;

3.º Et en cas d'absence, soit du conjoint soit des héritiers ou de l'un d'eux, par les personnes qui demeuraient avec le défunt, et par ses serviteurs et domestiques.

910. Les prétendans droit et les créanciers mineurs émancipés, pourront requérir l'apposition des scellés sans l'assistance de leur curateur.

S'ils sont mineurs non émancipés, et s'ils n'ont pas de tuteur, ou s'il est absent, elle pourra être requise par un de leurs parens.

911. Le scellé sera apposé, soit à la diligence du ministère public, soit sur la déclaration du maire ou adjoint de la commune, et même d'office par le juge de paix;

1.º Si le mineur est sans tuteur, et que le scellé ne soit pas requis par un parent ;

2.º Si le conjoint ou si les héritiers ou l'un d'eux sont absens.

3.º Si le défunt était dépositaire public, auquel cas le scellé ne sera apposé que pour raison de ce dépôt et sur les objets qui le composent.

912. Le scellé ne pourra être apposé que par le juge de paix des lieux ou par ses suppléans.

913. Si le scellé n'a pas été apposé avant l'inhumation, le juge constatera, par son procès-verbal, le moment où il a été requis de l'apposer, et les causes qui ont retardé, soit la réquisition, soit l'apposition.

914. Le procès-verbal d'apposition contiendra,

1.º La date des an, mois, jour et heure ;

2.º Les motifs de l'apposition ;

3.º Les nom, prénom, profession et demeure du requérant, s'il y en a, et son élection de domicile dans la commune où le scellé est apposé, s'il n'y demeure ;

4º. S'il n'y a pas de partie requérante, le procès-verbal énoncera que le scellé a été apposé d'office, ou sur le réquisitoire ou sur la déclaration de l'un des fonctionnaires dénommés dans l'article 911 ;

5.º L'ordonnance qui permet le scellé, s'il en a été rendu ;

6.º Les comparutions et dires des parties ;

7.º La désignation des lieux, bureaux, coffres, armoires, sur les ouvertures desquels le scellé a été apposé.

8º. Une description sommaire des effets qui ne sont pas mis sous les scellés ;

9.º Le serment, lors de la clôture de l'apposition, par ceux qui demeurent dans le lieu, qu'ils n'ont rien détourné, vu ni su qu'il ait été rien détourné directement ni indirectement ;

10.º L'établissement du gardien présenté, s'il a les qualités requises, sauf, s'il ne les a pas ou s'il n'en est pas présenté, à en établir un d'office par le juge de paix.

915. Les clefs des serrures sur lesquelles le scellé a été apposé, resteront jusqu'à sa levée entre les mains du greffier de la justice de paix, lequel fera mention sur le procès-verbal de la remise qui lui en aura été faite, et ne pourront le juge ni le greffier aller, jusqu'à la levée, dans la maison où est le scellé, à peine d'interdiction, à moins qu'ils n'en soient requis, ou que leur transport n'ait été précédé d'une ordonnance motivée.

916. Si lors de l'apposition il est trouvé un testament ou autres papiers cachetés, le juge de paix en constatera la forme extérieure, le sceau et la suscription, s'il y en a ; paraphera l'enveloppe avec les parties présentes, si elles le savent ou le peuvent, et indiquera les jour et heure où le paquet sera par lui présenté au président du tribunal de première instance ; il fera mention

du tout sur son procès-verbal, lequel sera signé des parties, sinon mention sera faite de leur refus.

917. Sur la réquisition de toute partie intéressée, le juge de paix fera, avant l'apposition du scellé, la perquisition du testament dont l'existence sera annoncée; et s'il le trouve, il procédera ainsi qu'il est dit ci-dessus.

918. Aux jour et heure indiqués, sans qu'il soit besoin d'aucune assignation, les paquets trouvés cachetés seront présentés par le juge de paix au président du tribunal de première instance, lequel en fera l'ouverture, en constatera l'état, et en ordonnera le dépôt si le contenu concerne la succession.

919. Si les paquets cachetés paraissent, par leur suscription ou par quelqu'autre preuve écrite, appartenir à des tiers, le président du tribunal ordonnera que ces tiers seront appelés dans un délai qu'il fixera, pour qu'ils puissent assister à l'ouverture : il la fera au jour indiqué, en leur présence ou à leur défaut; et si les paquets sont étrangers à la succession, il les leur remettra sans en faire connaître le contenu, ou les cachetera de nouveau pour leur être remis à leur première réquisition.

920. Si un testament est trouvé ouvert ,
le juge de paix en constatera l'état et ob-
servera ce qui est prescrit en l'article 916.

921. Si les portes sont fermées , s'il se
rencontre des obstacles à l'apposition des
scellés , s'il s'élève , soit avant soit pendant
le scellé , des difficultés , il y sera statué en
référé par le président du tribunal. A cet
effet il sera sursis et établi par le juge de
paix , garnison extérieure , même intérieure
si le cas y échet , et il en référera sur-le-
champ au président du tribunal.

Pourra néanmoins le juge de paix , s'il
y a péril dans le retard , statuer par provision , sauf à en référer ensuite au président du tribunal.

922. Dans tous les cas où il sera référé
par le juge de paix au président du tribunal ,
soit en matière de scellé , soit en autre matière , ce qui sera fait et ordonné sera constaté sur le procès-verbal dressé par le juge
de paix ; le président signera ses ordonnances
sur ledit procès-verbal.

923. Lorsque l'inventaire sera parachevé ,
les scellés ne pourront être apposés , à moins
que l'inventaire ne soit attaqué , et qu'il ne
soit ainsi ordonné par le président du tribunal.

Si l'apposition des scellés est requise pendant le cours de l'inventaire, les scellés ne seront apposés que sur les objets non inventoriés.

924. S'il n'y a aucun effet mobilier, le juge de paix dressera un procès-verbal de carence.

S'il y a des effets mobiliers qui soient nécessaires à l'usage des personnes qui restent dans la maison, ou sur lesquels le scellé ne puisse être mis, le juge de paix fera un procès-verbal contenant description sommaire desdits effets.

925. Dans les communes où la population est de vingt mille ames et au-dessus, il sera tenu au greffe du tribunal de première instance, un registre d'ordre pour les scellés, sur lequel seront inscrits, d'après la déclaration que les juges de paix de l'arrondissement seront tenus d'y faire parvenir dans les vingt-quatre heures de l'apposition, 1.º les noms et demeures des personnes sur les effets desquelles le scellé aura été apposé ; 2.º le nom et la demeure du juge qui a fait l'apposition ; 3.º le jour où elle a été faite.

Des Oppositions aux Scellés.

926. Les oppositions aux scellés pourront

être faites , soit par une déclaration sur le procès-verbal de scellé , soit par exploit signifié au greffier du juge de paix.

927. Toutes oppositions à scellé contiendront, à peine de nullité , outre les formalités communes à tout exploit,

1.º Election de domicile dans la commune ou dans l'arrondissement de la justice de paix où le scellé est apposé , si l'opposant n'y demeure pas ;

2.º L'énonciation précise de la cause de l'opposition.

TITRE II.

De la Levée du Scellé.

928. Le scellé ne pourra être levé et l'inventaire fait que trois jours après l'inhumation , s'il a été apposé auparavant ; et trois jours après l'apposition , si elle a été faite depuis l'inhumation , à peine de nullité des procès-verbaux de levée de scellés et inventaire , et des dommages-intérêts contre ceux qui les auront faits et requis ; le tout à moins que pour des causes urgentes et dont il sera fait mention dans son ordonnance , il n'en soit autrement ordonné par le président du tribunal de première instance : dans ce cas, si les parties qui ont droit d'assister à la levée,

ne sont pas présentes, il sera appelé pour elles, tant à la levée qu'à l'inventaire, un notaire nommé d'office par le président.

929. Si les héritiers ou quelques-uns d'eux sont mineurs non émancipés, il ne sera pas procédé à la levée des scellés, qu'il n'ayent été, ou préalablement pourvus de tuteurs, ou émancipés.

930. Tous ceux qui ont droit de faire apposer les scellés, pourront en requérir la levée, excepté ceux qui ne les ont fait apposer qu'en exécution de l'article 909, n.º 3 ci-dessus.

931. Les formalités pour parvenir à la levée des scellés, seront,

1.º Une réquisition à cet effet, consignée sur le procès-verbal du juge de paix;

2.º Une ordonnance du juge, indicative des jour et heure où la levée sera faite;

3.º Une sommation d'assister à cette levée, faite au conjoint survivant, aux présomptifs héritiers, exécuteur testamentaire, légataires universels et à titre universel, s'ils sont connus, et aux opposans.

Il ne sera pas besoin d'appeler les intéressés demeurans hors de la distance de cinq myriamètres : mais on appellera pour eux à la levée et à l'inventaire, un notaire nommé d'office par le président du tribunal de première instance.

Les opposans seront appelés aux domiciles par eux élus.

932. Le conjoint, l'exécuteur testamentaire, les héritiers, les légataires universels, et ceux à titre universel, pourront assister à toutes les vacations de la levée du scellé et de l'inventaire, en personne ou par un mandataire.

Les opposans ne pourront assister, soit en personne, soit par un mandataire, qu'à la première vacation ; ils seront tenus de se faire représenter aux vacations suivantes par un seul mandataire pour tous, dont ils conviendront, sinon il sera nommé d'office par le juge.

Si parmi ces mandataires se trouvent des avoués du tribunal de première instance du ressort, ils justifieront de leur pouvoir par la représentation du titre de leur partie, et l'avoué plus ancien, suivant l'ordre du tableau des créanciers fondés en titre authentique, assistera de droit pour tous les opposans ; si aucuns des créanciers n'est fondé en titre authentique, l'avoué le plus ancien des opposans fondés en titre privé, assistera ; l'ancienneté sera définitivement réglée à la première vacation.

933. Si l'un des opposans avait des intérêts différens de ceux des autres, ou des
intérêts contraires, il pourra assister en personne ou par un mandataire particulier, à
ses frais.

934. Les opposans, pour la conservation
des droits de leur débiteur, ne pourront
assister à la première vacation, ni concourir au choix d'un mandataire commun pour
les autres vacations.

935. Le conjoint commun en biens, les
héritiers, l'exécuteur testamentaire et les légataires universels, ou à titre universel, pourront convenir du choix d'un ou deux notaires, et d'un ou deux commissaires-priseurs
ou experts ; s'ils n'en conviennent pas, il
sera procédé suivant la nature des objets,
par un ou deux notaires, commissaires-priseurs ou experts nommés d'office par le président du tribunal de première instance.
Les experts prêteront serment devant le juge
de paix.

936. Le procès-verbal de levée contiendra, 1.º la date ; 2.º les nom, profession,
demeure et élection de domicile du requérant ; 3.º l'énonciation de l'ordonnance délivrée pour la levée ; 4.º l'énonciation de la
sommation prescrite par l'art. 931 ci-dessus ;
5.º Les comparutions et dires des parties ;

6.º la nomination des notaires, commissaires-priseurs et experts qui doivent opérer ; 7.º la reconnaissance des scellés , s'ils sont sains et entiers ; s'ils ne le sont pas , l'état des altérations , sauf à se pourvoir ainsi qu'il appartiendra pour raison desdites altérations ; 8.º les réquisitions à fin de perquisitions , le résultat desdites perquisitions , et toutes autres demandes sur lesquelles il y aurait lieu de statuer.

Nota. 1°. Il est très-important que les dires soient nettement et clairement exposés ; lorsqu'il en est besoin , il faut demander au commissaire tous les actes qui paraissent intéressans.

L'objet le plus essentiel est celui des titres et papiers : on doit naturellement craindre , lorsqu'il y a plusieurs cohéritiers , que quelques-uns d'entre eux ne fassent main-basse , soit sur des actes qui les regardent personnellement , soit sur quelques obligations sous signature privée.

Les parties intéressées doivent requérir le juge pour qu'il ne permette à personne , à l'exception de son greffier , de toucher aux papiers de l'hoirie , soit lors de leur extraction des armoires, bureaux, etc. soit lors de l'examen.

Si l'un des cohéritiers ou un procureur spécial se permettait d'enfreindre les défenses du juge-commissaire , il en faudrait demander acte , en demandant en même-temps que le délinquant soit obligé à remettre sur-le-champ , entre les mains du greffier , la pièce, ou les pièces dont il se serait indûment emparé.

Il en sera de même de toutes les autres infractions qui pourraient être faites aux ordonnances du juge-commissaire.

Nota 2°. A la forme de l'art. 939, s'il se trouve sous les scellés des objets, des titres et papiers qui intéressent des étrangers, il en faudra faire la description, pour ensuite la remise en être faite aux réclamans, ainsi qu'il appartiendra.

937. Les scellés seront levés successivement et à fur et mesure de la confection de l'inventaire ; ils seront réapposés à la fin de chaque vacation.

938. On pourra réunir les objets de même nature, pour être inventoriés successivement suivant leur ordre ; ils seront dans ce cas replacés sous les scellés.

939. S'il est trouvé des objets et papiers étrangers à la succession et réclamés par des tiers, ils seront remis à qui il appartiendra ; s'ils ne peuvent être remis à l'instant et qu'il soit nécessaire d'en faire la description, elle sera faite sur le procès-verbal des scellés, et non sur l'inventaire.

940. Si la cause de l'apposition des scellés cesse avant qu'ils soient levés ou pendant le cours de leur levée, ils seront levés sans description.

TITRE III.
De l'Inventaire.

L'Inventaire est une description des biens d'un défunt délaissés après sa mort, laquelle se fait solennellement et par des officiers de justice, pour maintenir les droits de tous ceux qui y ont intérêt, comme des créanciers, des héritiers, légataires et autres.

Dans l'inventaire, on comprend d'abord les meubles et effets, ensuite les titres et papiers, et en troisième ordre, les dettes actives et passives dont à chaque titre ou chapitre on arrête le total.

L'inventaire peut aussi être fait sous écriture privée (sur papier timbré) entre majeurs, même entre les tuteurs et protuteurs des mineurs, en ayant soin d'appeler un appréciateur des meubles et effets, et de faire enregistrer l'acte après sa confection, et avant, s'il est possible, que le tuteur ou la tutrice ne fasse, au bureau de la régie, la déclaration des immeubles et du produit annuel d'iceux.

941. L'inventaire peut être requis par ceux qui ont droit de requérir la levée du scellé.

942. Il doit être fait en présence, 1.º du conjoint survivant ; 2.º des héritiers présomptifs ; 3.º de l'exécuteur testamentaire, si le testament est connu ; 4.º des donataires et légataires universels ou à titre universel, soit en propriété, soit en usufruit, ou eux dûment appelés, s'ils demeurent dans la distance de cinq myriamètres ; s'ils demeurent au-delà, il sera appelé pour tous les absens un seul notaire nommé par le président du tribunal de première instance, pour représenter les parties appelées et défaillantes.

943. Outre les formalités communes à tous les actes devant notaires, l'inventaire contiendra,

1.º les noms, professions et demeures des requérans, des comparans, des défaillans et des absens, s'ils sont connus, du notaire appelé pour les représenter, des commissaires-priseurs et experts, et mention de l'ordonnance qui commet le notaire pour les absens et défaillans ;

2.º L'indication des lieux où l'inventaire est fait ;

3.º La description et estimation des effets, laquelle sera faite à juste valeur et sans crue ;

4.º La désignation des qualités, poids et titre de l'argenterie ;

5.º La désignation des espèces en numéraire ;

6.º Les papiers seront cotés par première et dernière ; ils seront paraphés de la main d'un des notaires ; s'il y a des livres et registres de commerce, l'état en sera constaté, les feuillets en seront pareillement cotés et paraphés, s'ils ne le sont ; s'il y a des blancs dans les pages écrites, ils seront bâtonnés.

7.º La déclaration des titres actifs et passifs;

8.º La mention du serment prêté lors de la clôture de l'inventaire, par ceux qui ont été en possession des objets avant l'inventaire, ou qui ont habité la maison dans laquelle sont lesdits objets, qu'ils n'en ont détourné, vu détourner ni su qu'il en ait été détourné aucun.

9.º La remise des effets et papiers, s'il y a lieu, entre les mains de la personne dont on conviendra, ou qui, à défaut, sera nommée par le président du tribunal.

944. Si lors de l'inventaire il s'élève des difficultés ou s'il est formé des réquisitions pour l'administration de la communauté ou de la succession, ou pour autres objets, et qu'il n'y soit déféré par les autres parties, les notaires délaisseront les parties à se pourvoir en référé devant le président du tribunal de première instance ; ils pourront en référer eux-mêmes, s'ils résident dans le canton où siège le tribunal : dans ce cas, le président mettra son ordonnance sur la minute du procès-verbal.

Voyez le procès-verbal de carence, à l'art. *des Saisies.*

TITRE IV.

De la Vente du Mobilier.

945. Lorsque la vente des meubles dépendans d'une succession aura lieu en exécution

de l'article 826 du code civil, cette vente sera faite dans les formes prescrites au titre *des Saisies-exécutions.*

946. Il y sera procédé sur la réquisition de l'une des parties intéressées, en vertu de l'ordonnance du président du tribunal de première instance, et par un officier public.

947. On appellera les parties ayant droit d'assister à l'inventaire, et qui demeureront ou auront élu domicile dans la distance de cinq myriamètres ; l'acte sera signifié au domicile élu.

948. S'il s'élève des difficultés, il pourra être statué provisoirement en référé par le président du tribunal de première instance.

949. La vente se fera dans le lieu où sont les effets, s'il n'en est autrement ordonné.

950. La vente sera faite tant en absence que présence, sans appeler personne pour les non-comparans.

951. Le procès-verbal fera mention de la présence ou de l'absence du requérant.

952. Si toutes les parties sont majeures, présentes et d'accord, et qu'il n'y ait aucun tiers intéressé, elles ne seront obligées à aucune des formalités ci-dessus.

TITRE V.

De la Vente des Biens immeubles.

953. Si les immeubles n'appartiennent qu'à des majeurs, ils seront vendus, s'il y a lieu, de la manière dont les majeurs conviendront.

S'il y a lieu à licitation, elle sera faite conformément à ce qui est prescrit au titre *des Partages et Licitations.*

954. Si les immeubles n'appartiennent qu'à des mineurs, la vente ne pourra en être ordonnée que d'après un avis de parens (1).

Cet avis ne sera point nécessaire lorsque les immeubles appartiendront en partie à des majeurs et à des mineurs, et lorsque la licitation sera ordonnée sur la demande des majeurs.

Il sera procédé à cette licitation ainsi qu'il est prescrit au titre *des Partages et Licitations.*

---

(1) *Code civil.* art. 459. La vente se fera publiquement en présence du subrogé tuteur, aux enchères, qui seront reçues par un membre du Tribunal civil ou par un notaire à ce commis, et à la suite de trois affiches apposées par trois dimanches consécutifs, aux lieux accoutumés dans le canton.

Chacune de ces affiches sera visée et certifiée par le maire des communes où elles auront été apposées.

955. Lorsque le tribunal civil homologuera les délibérations du conseil de famille relatives à l'aliénation des biens immeubles des mineurs, il nommera par le même jugement un ou trois experts, suivant que l'importance des biens paraîtra l'exiger, et ordonnera que sur leur estimation, les enchères seront publiquement ouvertes devant un membre du tribunal, ou devant un notaire à ce commis aussi par le même jugement.

956. Les experts, après avoir prêté serment, rédigeront leur rapport en un seul avis, à la pluralité des voix : il présentera les bases de l'estimation qu'ils auront faite.

957. Ils remettront la minute de leur rapport ou au greffe ou chez le notaire, suivant qu'un membre du tribunal ou un notaire aura été commis pour recevoir les enchères.

958. Les enchères seront ouvertes sur un cahier de charges, déposé au greffe ou chez le notaire commis, et contenant,

1.º L'énonciation du jugement homologatif de l'avis des parens ;

2.º Celle du titre de propriété ;

3.º La désignation sommaire des biens à vendre et le prix de leur estimation ;

4.º Les conditions de la vente ;

959. Ce cahier sera lu à l'audience, si la

vente se fait en justice. Lors de sa lecture, le jour auquel il sera procédé à la première adjudication ou adjudication préparatoire, sera annoncé. Ce jour sera éloigné de six semaines au moins.

960. L'adjudication préparatoire, soit devant le tribunal, soit devant le notaire, sera indiquée par des affiches : ces affiches ou placards ne contiendront que la désignation sommaire des biens, les noms, professions et domiciles du mineur, de son tuteur et de son subrogé tuteur, la demeure du notaire, si c'est devant un notaire que la vente doit être faite.

961. Ces placards seront apposés par trois dimanches consécutifs,

1.º A la principale porte de chacun des bâtimens dont la vente sera poursuivie ;

2.º A la principale porte des communes de la situation des biens, et à Paris, à la principale porte seulement de la municipalité dans l'arrondissement de laquelle les biens sont situés ;

3.º Les maires des communes où ces placards auront été apposés, les viseront et certifieront, sans frais, sur un exemplaire qui restera joint au dossier.

962. Copie desdits placards sera insérée dans un journal, conformément à l'article

683 ci-dessus : cette insertion sera constatée ainsi qu'il est dit au titre de la *Saisie im-mobilière* ; elle sera faite huit jours au moins avant le jour indiqué pour l'adjudication pré-paratoire.

963. L'apposition des placards et l'inser-tion aux journaux, seront réitérées huit jours au moins avant l'adjudication définitive.

964. Au jour indiqué pour l'adjudication définitive, si les enchères ne s'élèvent pas au prix de l'estimation, le tribunal pourra ordonner, sur un nouvel avis de parens, que l'immeuble sera adjugé au plus offrant même au-dessous de l'estimation, à l'effet de quoi l'adjudication sera remise à un délai fixé par le jugement, et qui ne pourra être moindre de quinzaine.

Cette adjudication sera encore indiquée par des placards apposés dans les communes et lieux, visés, certifiés, et insérés dans les journaux, comme il est dit ci-dessus, huit jours au moins avant l'adjudication.

965. Seront observées, au surplus, rela-tivement à la réception des enchères, à la forme de l'adjudication et à ses suites, les dispositions contenues dans les articles 701 et suivans du titre *de la Saisie Immobi-lière* ; néanmoins si les enchères sont re-çues par un notaire, elles pourront être

faites par toutes personnes , sans ministère d'avoué.

TITRE VI.

Des Partages et Licitations (1).

Le partage , est la séparation , division et distribu-

---

(1) *Code civil*, art. 823. Si l'un des cohéritiers refuse de consentir au partage, ou s'il s'élève des contestations , soit sur le mode d'y procéder , soit sur la manière de le terminer, le Tribunal prononce comme en matière sommaire, ou commet, s'il y a lieu, pour les opérations du partage , un des juges, sur le rapport duquel il décide les contestations.

Art. 824. L'estimation des immeubles est faite par experts choisis par les parties intéressées, ou, à leur refus , nommés d'office.

Le procès-verbal des experts doit présenter les bases de l'estimation : il doit indiquer si l'objet estimé peut être commodément partagé ; de quelle manière ; fixer enfin , en cas de division , chacune des parts qu'on peut en former, et leur valeur.

Art. 825. L'estimation des meubles , s'il n'y a pas eu de prisée faite dans un inventaire régulier, doit être faite par gens à ce connaissant, à juste prix et sans crue.

Art. 826. Chacun des cohéritiers peut demander sa part en nature des meubles et immeubles de la succession : néanmoins, s'il y a des créanciers saisissans ou opposans , ou si la majorité des cohéritiers juge la vente nécessaire pour l'acquit des dettes et charges

tion qui se fait d'une chose commune entre plusieurs copropriétaires, ou d'une succession commune entre cohéritiers.

---

de la succession, les meubles sont vendus publiquement en la forme ordinaire.

Art. 827. Si les immeubles ne peuvent pas se partager commodément, il doit être procédé à la vente par licitation devant le Tribunal.

Cependant les parties, si elles sont toutes majeures, peuvent consentir que la licitation soit faite devant un notaire, sur le choix duquel elles s'accordent.

Art. 828. Après que les meubles et immeubles ont été estimés et vendus, s'il y a lieu, le juge-commissaire renvoie les parties devant un notaire dont elles conviennent, ou nommé d'office, si les parties ne s'accordent pas sur le choix.

On procède devant cet officier aux comptes que les copartageans peuvent se devoir, à la formation de la masse générale, à la composition des lots, et aux fournissemens à faire à chacun des copartageans.

Art. 829. Chaque cohéritier fait rapport à la masse, suivant les règles qui seront ci-après établies, des dons qui lui ont été faits, et des sommes dont il est débiteur.

Art. 830. Si le rapport n'est pas fait en nature, les cohéritiers à qui il est dû, prélèvent une portion égale sur la masse de la succession.

Les prélèvemens se font, autant que possible, en objets de même nature, qualité et bonté, que les objets non rapportés en nature.

Art. 831. Après ces prélèvemens, il est procédé

Par le partage, les biens qui étaient auparavant communs, se divisent entre tous copartageans, selon la

---

sur ce qui reste dans la masse, à la composition d'autant de lots égaux qu'il y a d'héritiers copartageans, ou de souches copartageantes.

Art. 832. Dans la formation et composition des lots, on doit éviter, autant que possible, de morceler les héritages et de diviser les exploitations; et il convient de faire entrer dans chaque lot, s'il se peut, la même quantité de meubles, d'immeubles, de droits ou de créances de même nature et valeur.

Art. 833. L'inégalité des lots en nature se compense par un retour, soit en rente, soit en argent.

Art. 834. Les lots sont faits par l'un des cohéritiers, s'ils peuvent convenir entre eux sur le choix, et si celui qu'ils avaient choisi accepte la commission : dans le cas contraire, les lots sont faits par un expert que le juge-commissaire désigne.

Ils sont ensuite tirés au sort.

Art. 835. Avant de procéder au tirage des lots, chaque copartageant est admis à proposer ses réclamations contre leur formation.

Art 836. Les règles établies pour la division des masses à partager, sont également observées dans la subdivision à faire entre les souches copartageantes.

Art. 837. Si dans les opérations renvoyées devant un notaire, il s'élève des contestations, le notaire dressera procès-verbal des difficultés et des dires respectifs des parties, les renverra devant le commissaire nommé pour le partage, et au surplus il sera procédé suivant les formes prescrites par les lois sur la procédure.

part et portion que chacun d'eux avait dans les choses communes.

Pour qu'il y ait lieu à la licitation, il faut que la chose soit non-seulement indivise, mais indivisible, suivant la loi *Ad officium* 3, c. *Comm. divid.*; et en ce cas, ou le juge du partage adjuge la chose entière à un des héritiers pour un certain prix, ou il fait une licitation par enchères entre les cohéritiers seulement, ou il ordonne que les étrangers y seront admis; et ces diverses manières sont comprises en la loi *Fundus* 30, ff. *famil. ercisc.*, et dans la loi *Item labeo*, § 1. cod. C'est donc une bonne défense contre une demande en licitation que de dire que l'immeuble peut se diviser.

Une seconde condition est que la vente soit publiée par affiches et panonceaux, au cas que l'on y admette des étrangers; et c'est ainsi qu'il faut expliquer l'arrêt du 29 juillet 1599, qui infirma une licitation qui avait été faite sans cette formalité, lequel est rapporté par Mornac sur cette loi 1, c. *comm. divid.*

L'on a prétendu autrefois que lorsqu'on admettait

Art. 838. Si tous les cohéritiers ne sont pas présens, ou s'il y a parmi eux des interdits ou des mineurs, même émancipés, le partage doit être fait en justice, conformément aux règles prescrites par les art. 819 et suivans, jusques et compris l'article précédent. S'il y a plusieurs mineurs qui ayent des intérêts opposés dans le partage, il doit leur être donné à chacun un tuteur spécial et particulier.

Art. 839. S'il y a lieu à licitation dans le cas du précédent article, elle ne peut être faite qu'en justice avec les formalités prescrites pour l'aliénation des biens des mineurs. Les étrangers y sont admis.

les étrangers à la licitation, les héritiers devaient avoir
la préférence ; ce que l'on appuyait de la disposition
de la loi 3 , cod. *de alienat. rer. comm.* ; mais l'usage
est au contraire , et avec justice, parce que cette préférence aurait écarté les enchères des étrangers qui
n'auraient jamais espéré de profit ; d'ailleurs cette loi
n'est point précise : ainsi cette condition ne doit être
apposée à la licitation qu'à la réquisition de toutes les
parties.

966. Dans les cas des articles 823 et 838
du code civil, lorsque le partage doit être
fait en justice , la partie la plus diligente
se pourvoira.

967. Entre deux demandeurs la poursuite
appartiendra à celui qui aura fait viser le
premier l'original de son exploit par le greffier du tribunal ; ce visa sera daté du jour
et de l'heure.

968. Le tuteur spécial et particulier qui
doit être donné à chaque mineur ayant des
intérêts opposés , sera nommé suivant les
règles contenues au titre *des Avis de Parens.*

969. Le même jugement qui prononcera
sur la demande en partage , commettra,
s'il y a lieu, un juge , conformément à l'article 823 du code civil, et ordonnera que les
immeubles, s'il y en a , seront estimés par
experts de la manière prescrite en l'article
824 du même code.

970. En prononçant sur cette demande ,

le tribunal ordonnera par le même jugement le partage, s'il peut avoir lieu, ou la vente par licitation, qui sera faite, soit devant un membre du tribunal, soit devant un notaire.

971. Il sera procédé aux nominations, prestations de serment et rapports d'experts, suivant les formalités prescrites au titre *des Rapports d'Experts :* néanmoins lorsque toutes les parties seront majeures, il pourra n'être nommé qu'un expert, si elles y consentent.

972. Le poursuivant demandera l'entérinement du rapport par requête de simples conclusions d'avoué à avoué : on se conformera pour la vente aux formalités prescrites dans le titre *de la Vente des Biens immeubles,* en ajoutant dans le cahier des charges,

Les nom, demeure et profession du poursuivant, les nom et demeure de son avoué ;

Les noms, demeures et professions des colicitans.

Copie du cahier des charges sera signifiée aux avoués des colicitans par un simple acte, dans la huitaine du dépôt au greffe ou chez le notaire.

973. S'il s'élève des difficultés sur le cahier des charges, elles seront vidées à l'audience

sans aucune requête et sur un simple acte d'avoué à avoué.

974. Lorsque la situation des immeubles aura exigé plusieurs expertises distinctes, et que chaque immeuble aura été déclaré impartageable, il n'y aura cependant pas lieu à la licitation, s'il résulte du rapprochement des rapports que la totalité des immeubles peut se partager commodément.

975. Si la demande en partage n'a pour objet que la division d'un ou plusieurs immeubles sur lesquels les droits des intéressés soient déjà liquidés, les experts, en procédant à l'estimation, composeront les lots ainsi qu'il est prescrit par l'article 466 du code civil; et après que leur rapport aura été entériné, les lots seront tirés au sort soit devant le juge-commissaire, soit devant un notaire commis par le tribunal.

976. Dans les autres cas le poursuivant fera sommer les copartageans de comparaître au jour indiqué devant le juge-commissaire, qui renverra les parties devant un notaire dont elles conviendront, si elles peuvent et veulent en convenir, ou qui, à défaut, sera nommé d'office par le tribunal, à l'effet de procéder aux comptes, rapports, formation de masses, prélèvemens, com-

position de lots et fournissemens, ainsi qu'il est ordonné par le code civil, article 828.

Il en sera de même après qu'il aura été procédé à la licitation, si le prix de l'adjudication doit être confondu avec d'autres objets dans une masse commune de partage, pour former la balance entre les divers lots.

977. Le notaire commis procédera seul et sans l'assistance d'un second notaire ou de témoins; si les parties se font assister auprès de lui d'un conseil, les honoraires de ce conseil n'entreront point dans les frais de partage et seront à leur charge.

Au cas de l'article 837 du code civil, le notaire rédigera en un procès-verbal séparé les difficultés et dires des parties; ce procès-verbal sera par lui remis au greffe et y sera retenu.

Si le juge-commissaire renvoie les parties à l'audience, l'indication du jour où elles devront comparaître leur tiendra lieu d'ajournement.

Il ne sera fait aucune sommation pour comparaître, soit devant le juge, soit à l'audience.

978. Lorsque la masse du partage, les rapports et prélèvemens à faire par chacune des parties intéressées, auront été établies par le notaire, suivant les articles 829,

830 et 831 du code civil, les lots seront faits par l'un des cohéritiers, s'ils sont tous majeurs, s'ils s'accordent sur le choix, et si celui qu'ils auront choisi accepte la commission. Dans le cas contraire, le notaire, sans qu'il soit besoin d'aucune autre procédure, renverra les parties devant le juge-commissaire, et celui-ci nommera un expert.

979. Le cohéritier choisi par les parties, ou l'expert nommé pour la formation des lots, en établira la composition par un rapport qui sera reçu et rédigé par le notaire à la suite des opérations précédentes.

980. Lorsque les lots auront été fixés et que les contestations sur leur formation, s'il y en a eu, auront été jugées, le poursuivant fera sommer les copartageans à l'effet de se trouver à jour indiqué, en l'étude du notaire, pour assister à la clôture de son procès-verbal, en entendre lecture et le signer avec lui, s'ils le veulent et le peuvent.

981. Le notaire remettra l'expédition du procès-verbal de partage à la partie la plus diligente, pour en poursuivre l'homologation par le tribunal ; sur le rapport du juge-commissaire le tribunal homologuera le partage, s'il y a lieu, les parties présentes ou

appelées, si toutes n'ont pas comparu à la clôture du procès-verbal, et sur les conclusions du procureur impérial, dans le cas où la qualité des parties requerra son ministère.

982. Le jugement d'homologation ordonnera le tirage des lots, soit devant le juge-commissaire, soit devant le notaire, lequel en fera la délivrance aussitôt après le tirage.

983. Soit le greffier, soit le notaire, seront tenus de délivrer tels extraits, en tout ou en partie, du procès-verbal de partage que les parties intéressées requerront.

984. Les formalités ci-dessus seront suivies dans les licitations et partages, tendant à faire cesser l'indivision, lorsque des mineurs ou autres personnes non jouissant de leurs droits civils y auront intérêt.

985. Au surplus, lorsque tous les copropriétaires ou cohéritiers seront majeurs, jouissant de leurs droits civils, présens ou dûment représentés, ils pourront s'abstenir des voies judiciaires, ou les abandonner en tout état de cause, et s'accorder pour procéder de telle manière qu'ils aviseront. (1)

––––––––––––––––––––

(1) *Code civil*. Art. 819. Si tous les héritiers sont présens et majeurs, l'apposition de scellé sur les effets de la succession n'est pas nécessaire, et le partage

TITRE VII.

Du Bénéfice d'Inventaire.

Lorsqu'un héritier craint que la succession, à laquelle il est appelé, lui soit onéreuse, les lois lui permettent, s'il n'a pas accepté la succession purement et simplement, de se déclarer héritier par *bénéfice d'inventaire*. En prenant ce parti, il n'est tenu des charges de la succession que jusqu'à concurrence de la valeur des biens dont elle est composée ; et lorsqu'il s'est conduit avec bonne foi, non-seulement il n'est point responsable du dépérissement des effets qui forment le gage des créanciers, mais il ne peut être poursuivi en ses biens personnels pour les dettes de l'hérédité, de laquelle il est seulement comptable.

Le bénéfice d'inventaire empêche donc que les biens de la succession soient confondus avec ceux de l'héritier ; ainsi l'héritier bénéficiaire conserve tous les droits qu'il peut avoir contre l'hérédité.

Le bénéfice d'inventaire n'a lieu qu'en faveur des héritiers. Une veuve ne peut pas accepter, *par bénéfice d'inventaire*, la communauté qui a existé entre elle et son mari ; l'ordonnance de 1629 en contient une dis-

peut être fait dans la forme et par tel acte que les parties intéressées jugent convenable.

Si tous les héritiers ne sont pas présens, s'il y a parmi eux des mineurs ou des interdits, le scellé doit être apposé dans le plus bref délai, soit à la requête des héritiers, soit à la diligence du commissaire du gouvernement près le Tribunal de première instance, soit d'office par le juge de paix dans l'arrondissement duquel la succession est ouverte.

position précise dans l'art. 127. Voy. aussi l'arrêt de 1605, rapporté par M. Leprêtre dans le recueil des arrêts de toutes les chambres.

L'héritier ne peut profiter du privilège attaché *au bénéfice d'inventaire*, qu'en faisant faire bon et fidèle *inventaire* des biens de la succession avant d'avoir fait acte d'héritier, et en satisfaisant à ce qu'exigent les lois ; autrement, c'est-à-dire s'il fait faire un inventaire nul ou frauduleux, ou s'il ne satisfait pas aux règles prescrites pour être admis *au bénéfice d'inventaire*, il est réputé héritier pur et simple. Voy. l'art. 128 de l'Ordonnance de 1629, et l'article 794 du code civil, et 801 *idem*.

986. Si l'héritier veut, avant de prendre qualité, et conformément au code civil (1), se faire autoriser à procéder à la vente d'effets mobiliers dépendans de la succession, il présentera à cet effet requête au président du tribunal de première instance dans le ressort duquel la succession est ouverte.

---

(1) *Code civil*, art. 793 et 794. La déclaration d'un héritier, qu'il entend ne prendre cette qualité que sous bénéfice d'inventaire, doit être faite au greffe du Tribunal civil de première instance dans l'arrondissement duquel la succession s'est ouverte ; elle doit être inscrite sur le registre destiné à recevoir les actes de renonciation.

Cette déclaration n'a d'effet qu'autant qu'elle a été précédée ou suivie d'un inventaire fidèle et exact des biens de la succession, dans les délais déterminés par le code civil et dans les formes ci-dessus prescrites.

La vente en sera faite par un officier public, après les affiches et publications ci-dessus prescrites pour la vente du mobilier.

FORMULE de la Déclaration qu'on n'accepte une succession qu'à bénéfice d'inventaire.

L'an..., mois ..., etc. par-devant moi N.., greffier du Tribunal de première instance de l'arrondissement de..., a comparu le sieur Jean-Baptiste Destin, horloger en la ville de..., lequel a déclaré qu'il est héritier présomptif du sieur Philibert Destin son oncle, officier de santé en cette ville, décédé le...; que ledit sieur Philibert Destin ayant beaucoup d'entreprises, son hoirie exige une longue et sérieuse discussion, qui peut, par la difficulté de faire rentrer ce qui est dû, devenir préjudiciable à l'héritier; que pour se soustraire à toutes difficultés, l'exposant voulant recourir à la faculté que lui accorde la loi, il entend accepter ladite hoirie à bénéfice d'inventaire; de laquelle déclaration je lui ai donné acte, pour valoir et servir ce qu'il appartiendra; et s'est ledit sieur Destin soussigné avec moi.

987. S'il y a lieu à vendre des immeubles dépendans de la succession, l'héritier bénéficiaire présentera au président du tribunal

de première instance, une requête où ils seront désignés. Cette requête sera communiquée au ministère public ; sur ses conclusions et le rapport d'un juge nommé à cet effet, il sera rendu jugement qui ordonnera préalablement que les immeubles seront vus et estimés par expert nommé d'office.

988. Si le rapport est régulier, il sera entériné sur requête par le même tribunal ; et sur les conclusions du ministère public, le jugement ordonnera la vente.

Il sera procédé à ladite vente suivant les formalités prescrites au titre *des Partages et Licitations*.

L'héritier bénéficiaire sera réputé héritier pur et simple, s'il a vendu des immeubles sans se conformer aux règles prescrites dans le présent titre.

989. S'il y a lieu à faire procéder à la vente du mobilier et des rentes dépendans de la succession, la vente sera faite suivant les formes prescrites pour la vente de ces sortes de biens, à peine contre l'héritier bénéficiaire d'être réputé héritier pur et simple.

990. Le prix de la vente du mobilier sera distribué par contribution entre les créanciers opposans, suivant les formalités indiquées au titre *de la Distribution par Contribution*.

991. Le prix de la vente des immeubles sera distribué suivant l'ordre des privilèges et hypothèques.

992. Le créancier ou autre partie intéressée qui voudra obliger l'héritier bénéficiaire à donner caution, lui fera faire sommation à cet effet par acte extrajudiciaire signifié à personne ou domicile.

993. Dans les trois jours de cette sommation, outre un jour par trois myriamètres de distance entre le domicile de l'héritier et la commune où siége le tribunal, il sera tenu de présenter caution au greffe du tribunal de l'ouverture de la succession, dans la forme prescrite *pour les Réceptions de Caution.*

994. S'il s'élève des difficultés relativement à la réception de la caution, les créanciers provoquans seront représentés par l'avoué le plus ancien.

995. Seront observées pour la reddition du compte du bénéfice d'inventaire, les formes prescrites au titre *des Redditions de Comptes.*

996. Les actions à intenter par l'héritier bénéficiaire contre la succession seront intentées contre les autres héritiers ; et s'il n'y en a pas , ou qu'elles soient intentées par tous, elles le seront contre un curateur au bénéfice

d'inventaire , nommé en la même forme que le curateur à la succession vacante.

TITRE VIII.

De la Renonciation à la Communauté ou à la Succession.

La renonciation à la communauté, est un acte par lequel une femme renonce à la communauté qui était entre son mari et elle, au moyen de quoi elle n'est pas tenue des dettes de la communauté.

Mais la renonciation est frauduleuse, lorsqu'elle a soustrait et recelé des effets.

La renonciation à la succession est un acte par lequel un héritier renonce à une succession qui lui est échue.

Tout héritier peut renoncer à une succession directe ou collatérale, ouverte à son profit, pourvu que les choses soient entières, c'est-à-dire, qu'il ne se soit point immiscé dans les biens de la succession , et n'ait fait aucun acte d'héritier. Voyez l'art. 317 de la coutume de Paris.

997. Les renonciations à communauté et à succession seront faites au greffe du Tribunal dans l'arrondissement duquel la dissolution de la communauté ou l'ouverture de la succession se sera opérée , sur le registre prescrit par l'art. 784 du code civil , et en conformité de l'art. 1457 du même code , sans qu'il soit besoin d'autre formalité.

Formule de Renonciation à la Succession.

L'an... , etc. (*exprimer les jour, mois ,*

l'avant ou l'après midi), au greffe du Tribunal..., etc.

A comparu N... (*exprimer les nom , sur-
nom , qualité et demeure)*, lequel a déclaré
qu'il vient d'apprendre le décès de N... son
parent, et résidant à ..., faisant partie de
l'arrondissement de..., et qu'étant l'un des
héritiers présomptifs dudit N..., il renonce
purement et simplement à son hoirie pour
la part et portion qui lui compète, de laquelle déclaration il a été donné acte audit
N.... le requérant ; et s'est soussigné avec
nous.

Voy. l'art. 778 du code civil.

TITRE IX.

Du Curateur à Succession vacante.

Quand une succession est vacante , soit faute d'héritier , soit parce que ceux que la loi appelle, ont
renoncé; ceux qui ont des droits à exercer contre
cette succession, comme, par exemple, des créanciers,
y font créer un *curateur,* qu'on nomme *curateur à
succession vacante,* et en quelqu'endroit, *curateur
aux biens vacans.*

Le curateur *aux successions vacantes* doit en administrer les biens en bon père de famille. Il repré-
sente la succession et le défunt; c'est contre lui que
toutes les actions doivent être dirigées, et tous les
frais qu'il a faits en sa qualité sont payés par préférence aux créances, même les plus privilégiées.

998. Lorsqu'après l'expiration des délais

pour faire inventaire et pour délibérer, il ne se présente personne qui réclame une succession, qu'il n'y a pas d'héritier connu, ou que les héritiers connus y ont renoncé, cette succession est réputée vacante, et elle est pourvue d'un curateur, conformément à l'article 812 du code civil.

999. En cas de concurrence entre deux ou plusieurs curateurs, le premier nommé sera préféré, sans qu'il soit besoin de jugement.

1000. Le curateur est tenu avant tout de faire constater l'état de la succession par un inventaire, si fait n'a été, et de faire vendre les meubles suivant les formalités prescrites aux titres *de l'Inventaire et de la Vente du Mobilier.*

1001. Il ne pourra être procédé à la vente des immeubles et rentes, que suivant les formes qui ont été prescrites au titre *du Bénéfice d'Inventaire.*

1002. Les formalités prescrites pour l'héritier bénéficiaire s'appliqueront également au mode d'administration et au compte à rendre par le curateur à la succession vacante.

LIVRE TROISIÈME.

TITRE UNIQUE.

DES ARBITRAGES.

L'arbitrage est une espèce de juridiction que les avocats ou autres particuliers exercent en vertu du pouvoir qui leur est donné par les parties de décider leurs contestations.

Où il n'y a point de stipulation de peine, l'arbitrage n'oblige pas les parties; il n'est considéré que comme une consultation.

Quand la décision d'une affaire est remise à des avocats verbalement et sans écrit, ce qu'ils décident en conséquence ne passe point pour un arbitrage, mais pour un avis seulement, quand bien même les parties seraient convenues d'un tiers.

De ce que nous venons de dire il s'ensuit que pour que l'arbitrage soit obligatoire, il faut, 1.º qu'il y ait un accord fait entre les parties, par lequel elles conviennent d'une ou de plusieurs personnes pour décider leur différend : 2.º qu'elles promettent réciproquement de se tenir à leur décision, sous quelque peine pécuniaire contre les contrevenans, laquelle peine doit être spécifiée dans l'acte.

Les personnes choisies par les parties se nomment *arbitres*; elles ont le pouvoir de décider leurs contestations ou leurs différends, en vertu d'un *compromis*.

Les arbitres ne sont pas de vrais juges; ils n'ont point de fonctions publiques; leur pouvoir est borné à la seule question soumise à leur décision par le compromis, et il est limité à un temps préfixe, qui ne peut excéder trois mois, si les parties ne l'ont déterminé.

Il ne faut pas confondre les arbitres compromissaires, avec les tierces personnes à qui l'on se rapporte de quelqu'estimation. *Arbitrorum genera sunt duo : unum ejusmodi, ut sive æquum sit, sive iniquum, parcere debeamus : quod observatur, cùm ex compromisso ad arbitrum itum est; alter ejusmodi, ut ad boni viri arbitrium redigi debeat; et si nominatìm persona sit comprehensa, cujus arbitratu fiat.* Loi 76, ff., *pro socio.* Et Domat, liv. 1er., tit. 14, page 126.

1003. Toutes personnes peuvent compromettre sur les droits dont elles ont la libre disposition.

1004. On ne peut compromettre sur les dons et legs d'alimens, logement et vêtemens ; sur les séparations d'entre mari et femme, divorces, questions d'état, ni sur aucune des contestations qui seraient sujètes à communication au ministère public.

1005. *Le compromis* (1) pourra être fait

---

(1) Le compromis est un acte passé par-devant notaire ou fait double sous signature privée, signé des parties, par lequel elles conviennent d'une ou de plusieurs personnes pour décider leur différend, et promettent réciproquement de se tenir à leur décision, sous quelque peine pécuniaire contre le contrevenant, laquelle doit être spécifiée dans l'acte (c'est ce que

par procès-verbal devant les arbitres choisis , ou par acte devant notaire , ou sous signature privée.

Formule de Compromis.

Entre le sieur Bibloquet, serrurier, demeurant en la commune de..., arrondissement de ..., département de ...., d'une part ;

Le sieur Denis Jambon , laboureur, demeurant à... , d'autre part , a été convenu ce qui suit :

Que pour prévenir l'instance qui était prête à s'élever au sujet de l'exécution d'un bail fait par le sieur Bibloquet au sieur Jambon, le... an 6 , par acte reçu Ginguet, notaire à ...., dûment enregistré le....., et pour

---

l'on appelle peine *compromissoire*) : On stipule cette peine contre celui ou celle qui n'exécute pas le jugement et qui en appelle ; mais cette convention n'est pas essentielle , et le *compromis* peut subsister sans qu'il y ait de peine stipulée contre le contrevenant.

Mais quand la peine est convenue , toute audience doit être déniée aux appelans d'une sentence arbitrale , jusqu'à ce qu'ils ayent payé la peine : cela a été ainsi jugé en la seconde chambre des Enquêtes, par un arrêt rendu le 20 juillet 1729. Voy. Bardet et Henrys.

Les parties peuvent dans leur compromis se réserver la faculté d'interjeter appel de la sentence arbitrale.

régler le compte des années de fermages qui ont été payés par le sieur Jambon en conséquence dudit acte, ensemble pour faire la visite des fonds et bâtimens énoncés audit bail, et qui se trouvent situés au lieu de...; estimer les grosses réparations faites dans lesdits bâtimens par ledit sieur Jambon à la décharge du propriétaire et de son aveu, à vue des quittances des ouvriers, qui seront par lui fournies;

Ils nomment pour leur seul arbitre-expert le sieur Nicolas Mirat, architecte, demeurant à....

Auquel sieur arbitre-expert lesd. parties remettront sans retard tous titres, quittances, papiers et notes.

Les parties sont convenues d'accorder quatre mois audit arbitre pour son opération; passé lequel temps, ladite nomination sera regardée comme non avenue.

Les parties promettent réciproquement de s'en tenir à sa décision.

Que dans le cas où une desdites parties se refuserait d'acquiescer à la sentence arbitrale, elle sera tenue de payer à l'autre la somme de 800 fr. avant de pouvoir interjeter appel de ladite sentence, ce qui est expressément accordé entre les parties.

Fait double à..., le... Signé..

Nota. Lorsqu'il s'agit d'un arbitrage où il y a des questions de droit à décider, on choisit des Jurisconsultes, qui pour lors sont qualifiés seulement arbitres dans le compromis, et ces arbitres peuvent ordonner des préparatoires en preuves ou en expertises.

1006. Le compromis désignera les objets en litige et les noms des arbitres, à peine de nullité.

1007. Le compromis sera valable, encore qu'il ne fixe pas de délai, et en ce cas la mission des arbitres ne durera que trois mois, du jour du compromis.

1008. Pendant le délai de l'arbitrage, les arbitres ne pourront être révoqués que du consentement unanime des parties.

Nota. On peut stipuler dans le compromis, que les arbitres pourront juger à la vue des titres et mémoires qui leur seront respectivement remis, sans inventaire de production, ni autres formalités judiciaires.

Lorsque les pièces sont remises sans inventaire, les arbitres ont l'attention d'énoncer en tête de la sentence cette circonstance ; et lorsque l'inventaire ne comprend qu'une partie des pièces à eux remises, ils l'énoncent en ces termes . . . : vu le compromis, etc., et les pièces à nous remises par inventaires et hors d'iceux, etc.

1009. Les parties et les arbitres suivront dans la procédure les délais et les formes établis pour les tribunaux, si les parties n'en sont autrement convenues.

1010. Les parties pourront, lors et depuis le compromis, renoncer à l'appel.

Lorsque l'arbitrage sera sur appel ou sur requête civile, le jugement arbitral sera définitif et sans appel.

1011. Les actes de l'instruction et les procès-verbaux du ministère des arbitres seront faits par tous les arbitres, si le compromis ne les autorise à commettre l'un d'eux.

1012. Le compromis finit, 1.º par le décès, refus, déport ou empêchement · d'un des arbitres, s'il n'y a clause qu'il sera passé outre, ou que le remplacement sera au choix des parties ou au choix de l'arbitre ou des arbitres restans ; 2.º par l'expiration du délai stipulé ou de celui de trois mois, s'il n'en a pas été réglé ; 3.º par le partage, si les arbitres n'ont pas le pouvoir de prendre un tiers arbitre.

1013. Le décès, lorsque tous les héritiers sont majeurs, ne mettra pas fin au compromis ; le délai pour instruire et juger sera suspendu pendant celui pour faire inventaire et délibérer.

1014. Les arbitres ne pourront se déporter, si leurs opérations sont commencées ; ils ne pourront être récusés si ce n'est pour cause survenue depuis le compromis.

1015. S'il est formé inscription de faux,

même purement civile , ou s'il s'élève quelqu'incident criminel , les arbitres délaisseront les parties à se pourvoir , et les délais de l'arbitrage continueront à courir du
jour du jugement de l'incident.

1016. Chacune des parties sera tenue de
produire ses défenses et pièces, quinzaine au
moins avant l'expiration du délai du compromis , et seront tenus les arbitres de juger
sur ce qui aura été produit.

Le jugement sera signé par chacun des
arbitres ; et dans le cas où il y aurait plus
de deux arbitres , si la minorité refusait de
le signer , les autres arbitres en feraient
mention , et le jugement aura le même effet
que s'il avait été signé par chacun des arbitres.

Un jugement arbitral ne sera , dans aucun cas , sujet à l'opposition.

1017. En cas de partage , les arbitres autorisés à nommer un tiers , seront tenus de
le faire par la décision qui prononce le partage ; s'ils ne peuvent en convenir , ils le
déclareront sur le procès-verbal , et le tiers
sera nommé par le président du tribunal ,
qui doit ordonner l'exécution de la décision
arbitrale. Il sera , à cet effet , présenté requête par la partie la plus diligente.

Dans les deux cas , les arbitres divisés

seront tenus de rédiger leur avis distinct et motivé , soit dans le même procès-verbal , soit dans des procès-verbaux séparés.

1018. Le tiers arbitre sera tenu de juger dans le mois du jour de son acceptation , à moins que ce délai n'ait été prolongé par l'acte de la nomination ; il ne pourra prononcer qu'après avoir conféré avec les arbitres divisés , qui seront sommés de se réunir à cet effet.

Si tous les arbitres ne se réunissent pas, le tiers arbitre prononcera seul , et néanmoins il sera tenu de se conformer à l'un des avis des autres arbitres.

1019. Les arbitres et tiers arbitre décideront , d'après les règles du droit , à moins que le compromis ne leur donne pouvoir de prononcer comme amiables compositeurs.

1020. Le jugement arbitral sera rendu exécutoire par une ordonnance du président du tribunal de première instance dans le ressort duquel il a été rendu ; à cet effet , la minute du jugement sera déposée , dans les trois jours , par l'un des arbitres au greffe du tribunal.

S'il avait été compromis sur l'appel d'un jugement , la décision arbitrale sera déposée au greffe du tribunal d'appel , et l'or-

donnance, rendue par le président de ce tribunal.

Les poursuites pour les frais du dépôt et
les droits d'enregistrement, ne pourront être
faites que contre les parties.

1021. Les jugemens arbitraux, même ceux
préparatoires, ne pourront être exécutés qu'a-
près l'ordonnance qui sera accordée à cet
effet par le président du tribunal, au bas ou
en marge de la minute, sans qu'il soit besoin d'en communiquer au ministère public,
et sera ladite ordonnance expédiée ensuite
de l'expédition de la décision.

La connaissance de l'exécution du jugement appartient au tribunal qui a rendu
l'ordonnance.

1022. Les jugemens arbitraux ne pourront en aucuns cas être opposés à des tiers.

1023. L'appel des jugemens arbitraux sera
porté, savoir ; devant les tribunaux de première instance pour les matières qui, s'il
n'y eût point eu d'arbitrages, eussent été,
soit en premier, soit en dernier ressort,
de la compétence des juges de paix ; et devant les cours d'appel, pour les matières
qui eussent été, soit en premier, soit en
dernier ressort, de la compétence des tribunaux de première instance.

1024. Les règles sur l'exécution provisoire

de jugemens des tribunaux , sont applicables aux jugemens arbitraux.

1025. Si l'appel est rejeté , l'appelant sera condamné à la même amende que s'il s'agissait d'un jugement des tribunaux ordinaires.

1026. La requête civile pourra être prise contre les jugemens arbitraux , dans les délais , formes et cas ci-devant désignés pour les jugemens des tribunaux ordinaires.

Elle sera portée devant le tribunal qui eût été compétent pour connaître de l'appel.

1027. Ne pourront cependant être proposés pour ouvertures ,

1.º L'inobservation des formes ordinaires , si les parties n'en étaient autrement convenues , ainsi qu'il est dit en l'article 1009 ;

2.º S'il a été prononcé sur choses non demandées , sauf à se pourvoir en nullité , suivant l'article ci-après.

1028. Il ne sera besoin de se pourvoir par appel ni requête civile , dans les cas suivans :

1.º Si le jugement a été rendu sans compromis ou hors des termes du compromis ;

2.º S'il l'a été sur compromis nul ou expiré ;

3.º S'il n'a été rendu que par quelques

arbitres non autorisés à juger en l'absence des autres ;

4.º S'il l'a été par un tiers, sans en avoir conféré avec les arbitres partagés ;

5.º Enfin, s'il a été prononcé sur choses non demandées.

Dans tous ces cas, les parties se pourvoiront par opposition à l'ordonnance d'exécution, devant le tribunal qui l'aura rendu, et demanderont la nullité de l'acte qualifié *Jugement arbitral.*

Il ne pourra y avoir recours en cassation que contre les jugemens des tribunaux, rendus, soit sur requête civile, soit sur appel d'un jugement arbitral.

Dispositions générales.

1029. Aucune des nullités, amendes et déchéances prononcées dans le présent code, n'est comminatoire.

1030. Aucun exploit ou acte de procédure, ne pourra être déclaré nul, si la nullité n'en est pas formellement prononcée par la loi.

Dans les cas où la loi n'aurait pas prononcé la nullité, l'officier ministériel pourra, soit pour omission, soit pour contravention, être condamné à une amende qui ne sera pas moindre de cinq francs, et n'excédera pas cent francs.

1031. Les procédures et les actes nuls ou frustratoires, et les actes qui auront donné lieu à une condamnation d'amende, seront à la charge des officiers ministériels qui les auront faits, lesquels, suivant l'exigence des cas, seront en outre passibles des dommages et intérêts de la partie, et pourront même être suspendus de leurs fonctions.

1032. Les communes et les établissemens publics seront tenus, pour former une demande en justice, de se conformer aux lois administratives.

1033. Le jour de la signification ni celui de l'échéance ne sont jamais comptés pour le délai général fixé pour les ajournemens, les citations, sommations et autres actes faits à personne ou domicile : ce délai sera augmenté d'un jour, à raison de trois myriamètres de distance ; et quand il y aura lieu à voyage ou envoi et retour, l'augmentation sera du double.

1034. Les sommations pour être présent aux rapports d'experts, ainsi que les assignations données en vertu de jugement de jonction, indiqueront seulement le lieu, le jour et l'heure de la première vacation ou de la première audience ; elles n'auront pas besoin d'être réitérées , quoique la vacation ou l'audience ait été continuée à un autre jour.

1035. Quand il s'agira de recevoir un serment , une caution , de procéder à une enquête , à un interrogatoire sur faits et articles , de nommer des experts et généralement de faire une opération quelconque en vertu d'un jugement , et que les parties ou les lieux contentieux seront trop éloignés , les juges pourront commettre un tribunal voisin , un juge ou même un juge de paix , suivant l'exigence des cas : ils pourront même autoriser un tribunal à nommer , soit un de ses membres , soit un juge de paix , pour procéder aux opérations ordonnées.

1036. Les tribunaux , suivant la gravité des circonstances , pourront , dans les causes dont ils seront saisis , prononcer , même d'office , des injonctions , supprimer des écrits , les déclarer calomnieux , et ordonner l'impression et l'affiche de leur jugement.

1037. Aucune signification ni exécution ne pourra être faite depuis le 1.er octobre jusqu'au 31 mars , avant six heures du matin et après six heures du soir ; et depuis le 1.er avril jusqu'au 30 septembre , avant quatre heures du matin et après neuf heures du soir , non plus que les jours de fêtes légales ;

si ce n'est en vertu de permission du juge, dans le cas où il y aurait péril en la demeure.

1038. Les avoués qui ont occupé dans les causes où il est intervenu des jugemens définitifs, seront tenus d'occuper sur l'exécution de ces jugemens, sans nouveaux pouvoirs, pourvu qu'elle ait lieu dans l'année de la prononciation des jugemens.

1039. Toutes significations faites à des personnes publiques, préposées pour les recevoir, seront visées par elles sans frais sur l'original.

En cas de refus, l'original sera visé par le procureur impérial près le tribunal de première instance de leur domicile ; les refusans pourront être condamnés sur les conclusions du ministère public, à une amende qui ne pourra être moindre de cinq francs.

1040. Tous actes et procès-verbaux du ministère du juge seront faits au lieu où siège le tribunal : le juge y sera toujours assisté du greffier, qui gardera les minutes et délivrera les expéditions ; en cas d'urgence, le juge pourra répondre en sa demeure les requêtes qui lui seront présentées, le tout sauf l'exécution des dispositions portées au titre des *Référés*.

1041. Le présent code sera exécuté, à dater du 1.er janvier 1807 ; en conséquence tous procès qui seront intentés depuis cette époque, seront instruits conformément à ses dispositions. Toutes lois, coutumes, usages et règlemens relatifs à la procédure civile, seront abrogés.

1042. Avant cette époque, il sera fait, tant pour la taxe des frais que pour la police et discipline des tribunaux, des règlemens d'administration publique.

Dans trois ans au plus tard, les dispositions de ces règlemens qui contiendraient des mesures législatives, seront présentées en forme de loi.

Fin du Code de Procédure.

TABLE

ALPHABÉTIQUE ET RAISONNÉE

DES MATIÈRES

CONTENUES DANS CES DEUX VOLUMES.

(Le numéro indique l'article.)

Le premier volume contient jusqu'à l'article 673.

A.

ABSENCE. Les causes qui intéressent les personnes présumées absentes, doivent être communiquées au Ministère public, 83. — Comment on pourvoit à l'administration de ses biens avant la déclaration d'absence, 859. — Formule de requête pour demander une déclaration d'absence, sous l'article *idem*. Formule pour être envoyé en possession des biens d'un absent, *idem*. Voyez *Autorisation*.

ABSTENSION. Voyez *Récusation*.

ACCEPTATION de la communauté ou de la succession; comment a lieu, 997. --- Formule de renonciation à une succession, *idem*.

ACTE. Les actes conservatoires sont valables nonobstant le délai accordé pour l'exécution des jugemens, 125. -- Ce que c'est qu'un acte conservatoire; *idem* à la note. --- Règles générales sur l'exécution

AUDITION. Voyez *Deposition*, *Témoins*.

AUDITOIRE. A la porte de quel auditoire l'extrait des procès-verbaux de saisie immobilière doit être affiché, 684. Voyez *Affiche*, *Tableau*.

AUTORISATION de la femme mariée ; procédure à l'effet d'obtenir celle que le mari refuse à sa femme pour la poursuite de ses droits, 861. -- Ce qui a lieu en cas d'absence présumée ou d'interdiction du mari, 863. -- Autorisation nécessaire pour la demande en séparation de biens, 870. -- Formule d'une sommation d'une femme à son mari, pour être autorisée, sous l'article 861. -- Formule de requête à présenter au tribunal, à la suite de cette sommation, *idem*.

A VENIR. Comment entrent en taxe, 82.

AVIS DE PARENS. L'avis des membres doit être mentionné dans les délibérations du conseil de famille, lorsqu'elles n'ont pas été unanimes, 883. -- Avis de parens, nécessaire pour la vente d'immeubles provenans d'une succession, 934. -- Voy. *Conseil de famille*.

AVOCATS appelés pour départager les juges, 118. -- Une consultation de trois avocats est nécessaire pour la requête civile, 495. -- Formule de cette consultation, sous l'art. *idem*.

AVOUÉS. Délai dans lequel le défendeur est tenu d'en constituer un, 75. -- Il peut demander acte de sa constitution à l'audience dans les demandes formées à bref délai, 76. -- Peines qu'il encourt pour défaut de remise des pièces communiquées, 107. -- Constitution d'un nouvel avoué nécessitée par mort, ou changement d'état des parties, 345. -- La procédure devant les tribunaux de commerce se fait sans leur ministère, 414. -- Les avoués doivent, sans nouveaux

pouvoirs, occuper, pendant une année, sur l'exécution des jugemens définitifs, 1038. -- Voy. *Constitution, Dépens, Révocation.*

B

BORDEREAU. Voy. *Collocation*.

BORNES. Devant quel juge de paix se donnent les citations pour déplacement de bornes, usurpation de terres, arbres, haies, fossés et autres clôtures, commis dans l'année, 3.

BOUGIES. Celles qui sont allumées pour la réception des enchères, 707. -- Nombres de bougies qui doivent être éteintes avant l'adjudication, 708.

BREBIS. Voy. *Bestiaux*.

BUREAU DE PAIX. Voy. *Conciliation*.

BUREAU DES HYPOTHÈQUES. Voy. *Hypothèques.*

C

CAHIER DES CHARGES. Son dépôt au greffe du domicile de la partie sur laquelle on a fait saisir une rente constituée, 643. -- Tableau dans lequel doit être mis un extrait de ce cahier, 644. -- Lieux où cet extrait est placardé, 645. -- Annonces dans les journaux, 646. -- Ce que doit contenir le cahier des charges, pour vente d'immeubles saisis réellement, 697. -- Dires, publications et adjudications qui sont mis sur ce cahier à la suite de la mise à prix, 699. Délais et mode de publication du cahier des charges, 700 et suiv. -- Cahier des charges pour vente de biens-immeubles de mineurs, 958 et suiv. -- Pour les ventes par licitation, 973.

CANTON d'une justice de paix, 2.

CAPTURE. Voy. *Arrestation*.

CARENCE. Cas où on est obligé de dresser procès-verbal de carence, 924.

CASSATION. Ouverture en recours dans le cas de contrariété de jugemens rendus en dernier ressort, 504.

Causes. La partie peut-elle défendre sa propre cause ;
A qui est-il défendu de se charger de la cause d'au-
trui, 85. --Enumération de celles qui doivent être
communiquées au ministère public, 83. -- Voyez
Instance, *Instruction*, *Rapport*.

Caution. Dans quels cas elle est nécessaire pour
l'exécution provisoire des jugemens des justices de
paix, 17. -- Jugemens des tribunaux de première
instance dont l'exécution provisoire exige ou n'exige
pas caution, 135. -- Caution à fournir par les étrangers du paiement des frais et dommages-intérêts,
166. --Moyen d'en être dispensé, 167. --Notes
sur cet article, *ibid*. -- Le président d'un tribunal
de commerce peut assujettir un demandeur à donner
caution, 417. --Les étrangers demandeurs ne peuvent être obligés d'en donner une pour les frais et
les dommages-intérêts, 423. -- Comment la caution
est présentée dans les tribunaux de commerce, 440.
--Procédure pour les réceptions de caution, et formule, 517 et suiv. -- Caution à offrir en cas de sur-
enchère sur vente volontaire, 832. -- Celle que
l'héritier bénéficiaire est tenu de donner, 993.

Cédule. Mention que la cédule de citation pour enquête doit contenir, 29. Voy. *Délai*.

Célérité. Les demandes qui requièrent célérité sont
dispensées du préliminaire de la conciliation, 49.

Cession. Voy. *Bénéfice de Cession*.

Charges. Voy. *Cahier des Charges*.

Chèvre. Voy. *Bestiaux*.

Chose jugée. Voy. *Force de chose jugée*.

Citation. Formalités prescrites pour celle qui se donne
devant un juge de paix, 1. -- Désignation de juge
de paix, suivant la nature des matières et des ac-

cation du débiteur est distribué entre les créanciers, 778. Voy. *Créanciers*, *Radiation*.

COLLUSION. Elle peut donner lieu, dans une saisie immobilière, à demander une subrogation à la poursuite, 722.

COMMANDEMENT. Celui qui doit précéder toute saisie-exécution, 583. -- Election de domicile à y faire, 584. -- Témoin dont l'huissier doit être assisté, 585. -- Procès-verbal contenant itératif commandement, 586. -- Commandement qui doit précéder une saisie-brandon, 626 ; -- une saisie de rente constituée sur particuliers, 636. -- Une saisie immobilière, 673. -- Délai après lequel il peut y avoir lieu à réitérer ce dernier commandement, 674. -- Commandement dont la contrainte par corps doit être précédée, 780, 783 et 784.

COMMERCE. Les demandes en matière de commerce sont dispensées du préliminaire de la conciliation, 49. Voy. *Tribunaux de Commerce*.

COMMISSAIRES-PRISEURS. Ils sont responsables du prix des adjudications, 625. -- Mention à faire dans leurs procès-verbaux, *ibid*. -- Commissaires qui peuvent être choisis par les personnes intéressées à une levée de scellés, 935. Voy. *Concussion*.

COMMISSION. Opérations en vertu de jugement pour lesquelles les juges peuvent commettre au tribunal voisin, un juge, ou un juge de paix, 1035.

COMMISSION ROGATOIRE. Cas où il y a lieu à renvoyer un témoin devant le président du tribunal du lieu de son domicile, 266.

COMMUNAUTÉ. Référé sur les difficultés qui, après la clôture d'un inventaire, peuvent s'élever sur l'administration de la communauté, 944. Voy. *Renon-ciation*.

COMMUNES. En la personne de qui elles peuvent être assignées, 69. -- Les causes qui les intéressent, sont communiquées au ministère public, 83. Voy. *Demande*.

COMMUNICATION. Voy. *Causes*.

COMPARAISON. Pièces qui peuvent, dans une vérification d'écritures, être reçues comme pièces de comparaison, 200.

COMPARUTION. Les citations doivent indiquer l'heure de la comparution devant le juge de paix, 1. --Les parties comparaissent en personne ou par fondés de pouvoir, 9 et 53. -- Procès-verbal de la comparution des parties en conciliation, 54. -- Amende pour non comparution, et refus d'audience, jusqu'à ce qu'elle soit acquittée, 56. -- Mention de la non comparution sans procès-verbal, 58. -- Les jugemens qui ordonnent la comparution des parties, en indiquent le juge, 119. -- Règles sur la comparution en matière de commerce, 421. -- Comparution des parties en personne sur les séparations de corps, 875. Voy. *Défenses, Audiences*.

COMPENSATION. Voy. *Dépens*.

COMPÉTENCE. Voy. *Renvoi*.

COMPROMIS. Ce que c'est; droits sur lesquels on peut compromettre, 1003. -- Exceptions, 1004. -- Acte par lequel se fait le compromis, 1005. -- Formule de compromis, sous l'art. *idem*. Comment il finit, 1012. Voy. *Arbitrage*.

COMPTABLES. Voy. *Bénéfice de Cession*.

COMPTES. Devant quels juges doivent être traduits les divers comptables, 527. -- Renvoi sur l'appel,

528. ---Nomination d'avoué par les oyans , 529. --
Seuls objets qui puissent être employés en dépenses
communes , 532. -- Rédaction du compte , 533. --
Présentation et affirmation , 534. -- Exécutoire pour
l'excédant de la dépense sur la recette , 535. ---
Procédure après l'affirmation du compte , 536 et
suiv. --- Ce que doit contenir le jugement , 540. --
Il n'y a point de révision de compte , sauf à nouvelles demandes en cas d'erreurs ou omissions , 541.
-- Ce qui a lieu pour les fonds dont le rendant se
trouve reliquataire , 542. Voyez *Partage.*

COMPULSOIRE. Manière de se pourvoir pour l'obtenir ,
847. -- Exécution sans appel ni opposition du
jugement qui l'ordonne , 848. --- Procès-verbal de
compulsoire ou collation , 849. --- Par qui doivent
être avancés les frais , 852.

CONCIERGE. Voyez *Géolier.*

CONCILIATION. Le défendeur doit y avoir été appelé
ou y avoir comparu volontairement avant d'être
traduit au tribunal de première instance , 48. ---
Seules demandes qui soient dispensées du préliminaire de la conciliation , 49. -- Demandes qui y sont
assujetties, 50. -- Citation , 51. -- Comparution des
parties , 53. ---- Force des obligations insérées au
procès-verbal , 54. --- Serment déféré , 55. -- Effet
de la citation en conciliation relativement à la
prescription et au cours des intérêts , 57. Voyez
Comparution , Exploit , Séparation de corps.

CONCLUSIONS. Celles du procureur-impérial dans une
affaire à juger sur rapport, se donnent à l'audience ,
112. --- Demandes qui se font par de simples actes
de conclusions motivées , 465.

CONCUSSION. Celle des juges donne lieu à la prise à

se trouve constitué de droit, 496. — Constitution d'avoué, par des créanciers sur une demande en distribution par contribution, 660. Voyez *Avoué*.

Contrainte par corps. Cas dans lesquels il est laissé à la prudence des juges de la prononcer, 126. — Circonstance qui leur laissent la faculté d'ordonner un sursis, 127. — Liquidation qui doit précéder la contrainte par corps pour objets qui en sont susceptibles, 552. – Formalités sans lesquelles cette contrainte ne peut être mise à exécution, 780.

Contrariété. Celle des jugemens rendus en dernier ressort donne lieu à l'ouverture de la requête civile, 480. — De quel jugement l'exécution est ordonnée en cas d'entérinement de la requête, 501. — Cas dans lequel la contrariété de jugemens donne lieu au recours en cassation, 504.

Contravention. Voyez *Officiers ministériels.*

Contribution. Notes à tenir sur le registre des contributions, 658. Voyez *Distribution.*

Copie. A qui doit être laissé copie d'une citation en justice de paix, 4. — Pièce dont il doit être donné copie en tête des exploits, 65. — Cas où la copie d'un exploit doit être laissée au juge de paix, ou au procureur impérial, 69. — Copies à laisser à divers fonctionnaires, des procès-verbaux de saisie immobilière, 676. — Copie de l'écrou à donner au débiteur au moment de son emprisonnement, 789. Voyez *Exploit.*

Cote. Voyez *Papiers.*

Coucher. On ne peut saisir ceux qui sont nécessaires aux personnes sur qui la saisie-exécution a lieu, ou à leurs enfans, 592.

Coupe. Celle que les créanciers peuvent faire faire

dont on est dispensé pour l'assignation au tiers saisi, 570. -- Manière dont la déclaration et l'affirmation doivent être faites, 571 et 572. -- Ce que doit énoncer la déclaration, 573. -- Cas où le tiers saisi s'expose à être regardé comme débiteur pur et simple, 577.

DÉCLINATOIRE. Le ministère public est entendu dans les déclinatoires sur incompétence, 83. -- Quand le déclinatoire doit être proposé dans les Tribunaux de commerce, 423.

DÉFAUT. Dans quel cas il y a lieu à jugement par défaut dans une justice de paix, 19. - Circonstance dans laquelle il est donné défaut au Tribunal de première instance, 149. -- Délai à observer pour le défaut, lorsque plusieurs parties ont été assignées à des jours différens, 151. -- Le même défaut doit comprendre toutes les parties défaillantes, 152. -- Cas où il y a lieu à la jonction du défaut, 153.-- On ne peut prendre défaut qu'après l'échéance du délai de la demande en garantie, 79. -- Règles sur les défauts dans les Tribunaux de commerce, 434. Voy. *Jugement*, *Opposition*.

DÉFENSES. Les parties n'en peuvent signifier aucunes dans les justices de paix, 9. -- Délai de leur signification dans les Tribunaux de première instance, 77. -- Offres qu'elles doivent contenir, *ibid.* — Acte par lequel l'audience peut être suivie, si l'on n'a pas fourni de défenses, 79. -- Les parties assistées de leurs avoués, peuvent se défendre elles-mêmes, 85. - Cas où le tribunal peut leur interdire cette faculté, *ibid.* -- Les magistrats ne peuvent être chargés de la défense des parties, 86. -- Cas où il peut être accordé des défenses d'exécuter provisoirement un jugement, 459.

DÉGRADATIONS. Juge de paix devant lequel le propriétaire doit citer le fermier pour raison de dégradations alléguées contre celui-ci, 3. -- La partie saisie ne peut faire aucune dégradation aux objets saisis, 690.

DÉLAI. Celui qui doit avoir lieu, suivant les distances, entre la citation et la comparution, 5. -- Cédule par laquelle le juge de paix peut, dans les cas urgens, abréger les délais, 6. -- Délais des ajournemens, 72 et suiv. ---- Délais pour l'exécution des jugemens, 122. ---- Le débiteur dont les biens sont vendus à la requête de ses créanciers, n'en peut obtenir, 124. --- Délais pour les enquêtes, 257. --- Et pour les demandes formées dans des Tribunaux de commerce, 416 et suiv. -- Délais pour interjeter appel des jugemens, 443. ---Délais pour la signification de la requête civile, 484 et suiv. --- Délais pour fournir caution 517 et suiv. --- Pour rendre compte, 530. ---- Pour convenir de la distribution du prix d'une vente par contribution avec les créanciers, 656. --- Pour consigner ce prix, 656. -- Pour Pour produire les titres, 659 et suiv. Voy. *Défaut, Garantie, Jour.*

DÉLIBÉRATION. Délai accordé pour délibérer, à compter du jour de l'inventaire des biens d'une succession ou d'une communauté, 174. Voyez *Avis de Parens, Conseil de famille, Homologation.*

DÉLIBÉRÉ. Le tribunal peut ordonner la remise des pièces sur le bureau pour en être délibéré au rapport d'un juge, 93. --- A défaut de remise par une partie, la cause est jugée sur les pièces de l'autre, 94.

Délits. Peines encourues par ceux qui en commet-
traient envers des Juges en fonctions, 91 et 92.

Délivrance. Voy. *Acte, Dépositaire.*

Demande. Enonciation sommaire de son objet, que
doivent contenir les citations devant un juge de
paix, 1. --- Formule de cette citation, avec des
notes, sous l'art. *idem*. --- Formalité qui doit précéder les demandes introductives d'instance, 48.--
Exceptions, 49.--- Comment sont formées les demandes incidentes, 337. --- Leur jugement, 338.
--- Quelles demandes sont réputées matières sommaires, 404. --- Manière de former les demandes
incidentes, 406. --- Formalités à observer pour les
demandes en matière de commerce, 415. --- Seul
cas où il puisse être formé une nouvelle demande
en cause d'appel, 464. --- Lois auxquelles les communes et les établissemens publics sont tenus de
se conformer pour introduire une demande en justice, 1032. Voy. *Ajournement.*

Démence. Voyez *Interdiction.*

Dénégation d'écritures. Voyez *Ecritures.*

Déni de Justice. C'est une cause de prise à partie,
505. --- Quand le délit a lieu, et comment il est
constaté; 507. Voyez *Prise à partie.*

Dénonciation. Délai pour dénoncer la saisie-arrêt
ou l'opposition au débiteur, 262. -- Et pour dénoncer cette demande au tiers saisi, 263. -- Dénonciation par le tiers saisi des nouvelles saisies ou
oppositions faites entre ses mains, 575. -- Dénonciation à la partie saisie de l'exploit pour lequel son
créancier a fait saisir une rente constituée, 641. --
Dénonciation du procès-verbal de distribution du

prix d'une vente, 663. -- D'une saisie immobilière,
681. - D'une sur-enchère, 711.

DENRÉES. Jusqu'à quelle concurrence les farines et
menues denrées sont insaisissables, 592.

DÉPENS. Toute partie qui succombe est condamnée à
les payer, 130. --Cas où il y a lieu à les compenser
entre les parties, 131. -- Cas dans lesquels les
avoués, les huissiers, les tuteurs, curateurs, les héritiers bénéficiaires et autres administrateurs peuvent
être personnellement condamnés aux dépens et aux
dommages-intérêts, 132. - Dans quels cas les avoués
en peuvent demander la distraction à leur profit,
133. -- Manière dont elle est faite, et taxe de ces
dépens, *ibid.* L'exécution provisoire des jugemens
ne peut être ordonnée pour les dépens, 137. - Procédure pour liquidation de dépens et frais, 543.

DÉPENSES. Celles que doit contenir un compte, 533.

DÉPENSES COMMUNES. Voyez *Comptes.*

DÉPLACEMENT. Voyez *Bornes.*

DÉPOSITAIRES. Ceux de pièces soumises à la vérification d'écritures, sont tenus de les représenter,
après en avoir fait faire des copies collationnées,
203 et suiv.--C'est sur ces copies que les dépositaires
en délivrent ensuite des expéditions, 245. - Condamnation encourue par celui qui refuse copie d'un
acte aux personnes ayant droit de la demander,
839. ---Cas où il faut payer préalablement les frais,
851. -----Délivrance de copies ou d'extraits à faire
sans ordonnance de justice, par les greffiers ou dépositaires des registres publics, 853. --- Voy. *Acte,*
Bénéfice de Cession.

DÉPOSITIONS. Celle des témoins est vocale, 271. ----
Ils peuvent y faire des changemens et des additions

-- Et pour défaut de formalités dans une opposition à la vente des meubles saisis , 609. -- Dommages-intérêts encourus pour coupe ou dégradation de bois par le saisi , 690. -- Pour emprisonnement qui a été déclaré nul , 799. -- Pour saisie-revendication irrégulièrement faite , 826. Voyez *Dépens*, *Nullités*.

Dons. Voyez *Pauvres*.

Dot. Le ministère public est entendu dans les causes où il s'agit de la dot des femmes , 83.

E.

Eau. Voyez *Cours d'Eau*.

Écrits. Circonstances dans lesquelles les Tribunaux peuvent en ordonner la suppression et les déclarer calomnieux , 1036.

Écriture. Renvoi par le juge de paix devant ceux qui en doivent connaître dans le cas d'une dénégation d'écriture , 14. -- Il n'en entre point en taxe , 81. -- Rôles qui sont passés en taxe , 104. -- Procédure pour reconnaissance et vérification d'écriture privée , 193 et suiv. - Quelles pièces peuvent être reçues pour servir de comparaison , 200 et suivans. Écritures qui sur l'appel n'entrent point en taxe , 88.

Ecrou. Enonciations que doit contenir celui du débiteur , 789. — Formule d'un procès-verbal d'écrou, *idem*. - Refus d'écrouer que le gardien d'une maison de détention doit faire , si on ne lui présente pas le jugement par lequel l'arrestation a été ordonnée , 790.

Edifice. Ceux dans lesquels un débiteur ne peut être arrêté , 781.

Elargissement. Celui du débiteur quand l'emprisonnement a été déclaré nul, 797. — Moyens par lesquels le débiteur, légalement incarcéré, peut l'obtenir, 800. -- Comment peut être donné le consentement à la sortie du prisonnier pour dettes, 801.— Consignation de la dette entre les mains du géolier, 802. -- Comment est ordonné l'élargissement faute de consignation d'alimens, 803. -- Formalités pour les demandes en élargissement, 805.

ÉLECTION DE DOMICILE. V. *Domicile.*

EMPÊCHEMENT. V. *Interrogatoire, Témoins.*

EMPEREUR. En la personne de qui il peut être assigné pour ses domaines, 69.

EMPRISONNEMENT. Durée de celui auquel on peut être condamné pour insulte ou irrévérence grave envers un juge de paix, 11. -- Pouvoir spécial dont l'huissier a besoin pour exécuter un jugement qui l'ordonne, 556. -- Formalités prescrites pour le procès-verbal, 783. — Formule de ce procès-verbal, *idem.* -- Ce qui a lieu en cas de rébellion, 785. -- Détention arbitraire, 788. -- Écrou, 789. -- Alimens, 791. -- Recommandation, 792. -- Formalités dont l'exécution peut donner lieu à demander la nullité d'un emprisonnement, 794 et suiv. -- Délai avant lequel on ne peut arrêter pour la même dette le débiteur dont l'emprisonnement a été déclaré nul, 797. --- Consignation à faire par le débiteur au moment de sa mise en liberté par suite de cette nullité. 798. - Dommages-intérêts encourus par le créancier, 799. V. *Alimens, Arrestation, Écrou, Élargissement, Jugemens, Recommandation.*

EMPRUNT. V. *Prêt.*

ENCHÈRES. Elles sont reçues par le ministère des

de la saisie immobilière au bureau des hypothèques, 678 et suiv.

ENTÉRINEMENT. Requête par laquelle se demande l'entérinement d'un rapport d'experts, 972 et 988. Voy. *Requête civile*.

ENTREPRISES. Voy. *Cours d'eau*.

ÉQUIPEMENS. Ceux des militaires, suivant l'ordonnance et le grade, ne peuvent être saisis, 592.

ESCROCS. Voy. *Bénéfice de Cession*.

ESTIMATION. Voy. *Experts*.

ÉTABLISSEMENS PUBLICS. En la personne de qui peuvent-ils être assignés. 69 — Les causes qui les intéressent sont communiquées au ministère public, 83. Voy. *Demande*.

ÉTAT. En la personne de qui on peut l'assigner lorsqu'il s'agit de domaines et droits domaniaux, 69.

ÉTAT CIVIL. Voyez *Acte*.

ÉTRANGERS. Voyez *Bénéfice de Cession*, *Caution*.

ÉVASION. L'huissier est autorisé, en cas de rébellion, à établir garnison aux portes du débiteur, pour empêcher son évasion, 785.

EXCEPTIONS. Détails de celles qui peuvent être fournies, 166 et suiv. — Exceptions dilatoires, 174 et 186. — Les nouvelles exceptions peuvent seules entrer en taxe dans les causes d'appel, 465.

EXÉCUTEUR TESTAMENTAIRE. Il peut assister à la levée de scellés, 932.

EXÉCUTION. Dans quels cas les jugemens des justices de paix sont-ils exécutoires avec ou sans caution, 17. — Quand l'exécution provisoire des jugemens rendus par les Tribunaux de première instance peut-elle être ordonnée avec ou sans caution, 135. — Cette exécution provisoire ne peut être ordonnée

saisie-Brandon, 626.--De saisie de rentes constituée, 637. -- Aucun exploit ne peut être déclaré nul si la nullité n'en est formellement prononcée par la loi, 1030. Voy. *Ajournement, Heure, Jour, Procès-verbal, Transport.*

EXPLOITATION DE TERRES. Voyez *Animaux, Gérant.*

EXPOSITION. Celle qui doit précéder la vente de vaisselle d'argent, bagues et joyaux, 621.

EXPROPRIATION. Principes sur la provocation d'un ordre en cas d'aliénation autre que celle par expropriation, 775.

F.

FAITS. Ceux sur lesquels il peut être ordonné une enquête, 252.--Interrogatoire sur faits et articles, 324.--Les administrations d'établissemens publics nomment un administrateur ou agent pour répondre sur les faits et articles à elles communiqués, 336. Voy. *Interrogatoire.*

FARINES. Voy. *Denrées.*

FAUSSAIRE. Les greffiers s'exposent à être poursuivis comme faussaires en délivrant une expédition de jugement avant la signature, 139.

FAUX. Ce qui a lieu lorsqu'une partie déclare devant le juge de paix qu'elle veut s'inscrire en faux, 8. — Procédure sur faux incident civil dans un Tribunal de première Instance, 214 et suiv. --- Procès-verbal de l'état des minutes arguées de faux, 226. --- Jugement qui admet ou rejette les moyens de faux, 231 et suiv. --- Piè·s qui sont remises aux experts, 236. ---Poursuite du jugement sur le faux après l'instruction achevée, 238. --- Cas où il y a

et pendans par racine , 688 et 689. Voy. *Saisie-Brandon*.

Fureur. Voy. *Interdiction*.

G

Garantie. Mise en cause des garans devant le juge de paix, 32. -- Cas où il est statué séparément sur la demande en garantie , 33. -- Délais pour l'appel en garantie dans un Tribunal de première instance, 175 et suiv. -- Dans quel cas le garant peut prendre fait et cause du garanti , ou seulement intervenir , 182 et suiv. -- Règle sur la manière dont ces jugemens doivent être rendus sur les instances dans lesquelles il y a demande en garantie , 184. -- Les jugemens rendus contre les garans formels sont exécutoires contre les garantis , 185. Voy. *Conciliation*.

Garde Champêtre. Il peut être établi gardien pour une saisie-brandon , 628.

Gardien. Celui d'une porte en attendant son ouverture forcée , 587. -- Celui qui est établi après une saisie-exécution , 596 et 597. -- Personnes exclues de la garde , 598. -Poursuites à exercer contre ceux qui empêcheraient l'établissement d'un gardien, 600. Le gardien ne peut se servir des choses saisies , 603. -- Compte à rendre de leurs produits ou revenus , 604. -- Cas où il peut demander sa décharge, 605. -- Assignation contenant cette demande et récolement des objets saisis, 606. -- Gardien des effets saisis-gagés , 815. -- Et saisies revendiquées, 830. -- Gardien de scellés , 914. Voyez *Géolier, Saisie-Gagerie*.

Garnison. Cas dans lequel l'huissier est autorisé à en

établir aux portes d'un débiteur qu'il est chargé d'arrêter, 783. -- Et dans une maison où l'apposition de scellés éprouve des obstacles, 921.

GÉOLIER. Transcription à faire sur son registre du jugement qui autorise l'arrestation de la personne à lui amenée, 790. Voy. *Écrou.*

GÉRANT. Celui que le juge de paix peut établir à l'exploitation des terres, en cas de saisie d'animaux et d'ustensiles servant au labourage, 594.

GREFFIERS. Peines encourues par ceux qui ne se conformeraient pas aux dispositions prescrites relativement à la remise des pièces produites sur inscription de faux, 244. V *Expédition, Faussaire, Juges, Minutes.*

GROSSE. Ce que c'est, 839. Voy. *Acte, Ecritures.*

H

HAIES. Voy. *Bornes.*

HÉRITIER BÉNÉFICIAIRE. Cas dans lesquels un héritier ne peut jouir du bénéfice d'inventaire, 174. -- Requête qu'il doit présenter pour être autorisé à vendre des immeubles dépendans d'une succession, 987. -Sans ces formalités, la vente le fait réputer héritier pur et simple, 988. -- Autres formalités pour la vente des meubles et rentes, 989. -- Distribution du prix de ces ventes, 990. -- Sommation à l'héritier bénéficiaire pour l'obliger à donner caution, 992. -- Formes pour la reddition de son compte, 995. -- Actions par lui intentées, 996. Voy. *Dépens.*

HEURES. Celles avant et après lesquelles on ne peut,

en différens temps de l'année, faire des significations ou exécutions, 1037.

HOMOLOGATION. Comment on procède à l'égard des délibérations sujètes à homologation, 885 et suiv. — Ce que doit porter l'homologation d'un conseil de famille, relative à l'aliénation des biens immeubles des mineurs, 955. — Homologation d'un procès-verbal de partage, 982. Voy. *Conseil de Famille.*

HUISSIER. Les citations doivent contenir ses nom, profession et immatricule, 1. — Par quels huissiers doivent être notifiées les citations, 4. — Individus pour lesquels l'huissier de la justice de paix ne peut instrumenter, *ibid.* — Ce qui est payé à l'huissier pour frais de déplacement, 62. — Défenses relatives à la parenté pour les huissiers établis près les Tribunaux de première instance, 66. — Avertissement que les huissiers ont à donner à ceux qui troublent les audiences, 89. — Formalités à observer par l'huissier chargé de la signification des jugemens par défaut des Tribunaux de commerce, 435. — Huissier commis particulièrement pour faire un nouveau commandement à un débiteur susceptible d'emprisonnement, 784. V. *Concussion, Dépens, Exploit, Interdiction, Nullité, Officier ministériel, Pouvoir, Recors.*

HYPOTHÈQUES. Transcription à faire au bureau des hypothèques des procès-verbaux de saisie immobilière, 677 et 678. Voy. *Inscription, Prêt.*

I

IMBÉCILLITÉ. V. *Interdiction.*
IMMEUBLES. Voy. *Saisie immobilière, Vente.*

où des procédures sont nulles dans des affaires non encore en état, 344. Voy. *Conciliation*, *Reprise d'Instance*.

INSTRUCTION. Dans quel cas le tribunal ordonne l'instruction d'une affaire par écrit, 95. — Mode prescrit pour cette instruction, 96 et suiv.

INSTRUMENS. Voyez *Machines*.

INSULTE. Peine répressive de celle commise à l'audience du juge de paix, 11. --Et contre tout officier public en fonctions, 555.

INTÉRÊTS. Cas dans lequel la citation en conciliation les fait courir, 57. -- Epoque à laquelle leur cours cesse pour les sommes admises en distribution, 672. Les créanciers sont garans des intérêts que le retard de leurs productions a empêché de courir, 757. - Les intérêts et arrérages cessent de courir pour les créanciers utilement colloqués, 767. --Contre qui la partie saisie et le créancier sur lequel les fonds manquent, ont à cet égard leur recours, 770.

INTERDICTION. Elle peut être prononcée contre un avoué qui ne rétablit pas les productions à lui communiquées, 107. -- Elle peut l'être également contre les avoués ou huissiers qui auraient compromis l'intérêt des parties, 132. Elle a lieu contre un désavoué, 360. -- Elle peut être prononcée contre un huissier qui refuserait de justifier de l'existence du saisissant, 362. -- Les faits d'imbécillité, de démence ou de fureur doivent être énoncés dans la demande en interdiction, 890. -- Communication de la requête au ministère public, 891. -- Interrogatoire, 893. -- Enquête, *ibid*. -- Appel du jugement, 894. Procédure sur une demande en main-levée d'interdiction, 896. -- Affiche du jugement qui prononce-

rait défenses de plaider , emprunter , etc. , sans assistance d'un conseil , 897. — Formule d'une procédure entière sur l'interdiction, sous les art. *ibid.*
-- Le juge de paix ni le greffier ne peuvent entrer ,
sous peine d'interdiction , dans la maison où les
scellés sont apposés , 916. Voyez *Autorisation ,
Conseil.*

INTERLOCUTOIRE. Délai fixé pour le jugement définitif
de la cause après celui d'un interlocutoire, 15. --
Quels jugemens sont réputés interlocutoires , 452.
V. *Jugemens.*

INTERPELLATIONS. Il peut en être fait par le juge-
commissaire aux témoins ; mais la partie n'en peut
faire directement , 273 et 276. V. *Témoins.*

INTERVENTION. Requête par laquelle elle doit être
formée , 339. — L'intervention ne peut retarder le
jugement de la cause principale, 340. -- Cas où l'incident doit être porté à l'audience , 341. -- Manière
de former les interventions en matière sommaire ,
406. -- Seules interventions qui puissent être reçues
en cause d'appel , 466. Voyez *Conciliation , Garantie.*

INTERROGATOIRE. Les parties peuvent demander l'interrogatoire sur faits et articles , 324. -- Comment
cet interrogatoire peut être ordonné , 325. -- Commission pour le faire subir dans un lieu éloigné , 326.
-- Signification de la requête et de l'ordonnance à
la personne qui doit subir l'interrogatoire , 329. --
Ce qui a lieu en cas d'empêchement légitime , 318
et suiv. -- La partie interrogée ne peut répondre par
écrit ni se faire assister d'un conseil , 333. -- Ses
répunses doivent être précises sur chaque fait, *ibid.*
Des additions peuvent être faites après l'achèvement

J

putées matières sommaires, 405. -- Le propriétaire
peut, dans une distribution par contribution, faire
préliminairement statuer sur son privilège pour les
loyers, 661. Voyez *Bail, Conciliation, Saisie-
Gagerie.*

M

MACHINES. Somme jusqu'à laquelle on ne peut saisir les machines et les instrumens, 592.

MAGISTRATS. Seules causes qu'ils puissent défendre
devant les Tribunaux, 86. Voyez *Juges.*

MAIN-LEVÉE. Voyez *Interdiction, Opposition.*

MAIRE. Voyez *Visa, Scellé.*

MAISON. Ordre et formalités sans lesquels un débiteur ne peut être arrêté dans une maison quelconque, 781. — Voyez *Saisie-Gagerie.*

MANDAT D'AMENER. Cas dans lequel il peut en être
décerné en matière de faux, 239. -- Et contre des
témoins dans une enquête, 24.

MANDATAIRE. Celui qui assiste à une levée de scellés
pour tous les opposans, 932. -- Mandataire particulier par l'opposant qui aurait des intérêts contraires, 933. -- Quels opposans ne peuvent concourir au choix d'un mandataire commun, 934.

MANDEMENT. Celui que doivent contenir les jugemens, 545. -- Celui qui doit être délivré aux créanciers pour leurs paiemens dans une contribution de
deniers, 665.

MARCHANDISES. Pesage, mesurage ou jeaugeage de
celles qui sont l'objet d'une saisie-exécution, 588.
Voyez *Estimation.*

MASSES. Voyez *Partages.*

MATIÈRES. Devant quel juge de paix doivent être

données les citations en matières personnelles ou mobilières, 2. -- Matières réputées sommaires, 404.

Menaces. Voyez *Outrage*.

Mercuriales. Elles servent de règles pour les restitutions de fruits, 129.

Meubles. Voyez *Vente*.

Mineurs. Les causes qui les intéressent doivent être communiquées au Ministère public, 83. Voyez *Avis de parens*, *Homologation*, *tuteur*.

Ministère public. Causes qui lui doivent être communiquées, et circonstances dans lesquelles il doit être entendu, 83, 251, 311, 359, 371, 498, 668, 761, 782, 795, 805, 862, 863, 870, 885, 886, 891, 892, 900, 911, 1039. Voyez *Descente*, *Récusation*.

Ministres. Cas où les assignations sont données à la personne des ministres de la marine ou des relations extérieures, et où ils doivent viser les exploits, 69.

Minutes. Celles des jugemens des justices de paix doivent être portées sur la feuille d'audience, 18. -- Par qui doivent-elles être signées, *ibid*. Le greffier de justice de paix qui se transporte avec le juge pour une visite, etc., doit apporter la minute du jugement préparatoire, 30. -- Le président et le greffier du Tribunal de première instance doivent signer la minute des jugemens, 138. -- Les procureurs-généraux impériaux sont tenus de vérifier tous les mois ces minutes, 140. -- Les greffiers gardent celles des actes et procès-verbaux faits par les juges, 1040. Voyez *Ecritures*, *Faux*.

Mise en cause. Voyez *Garantie*.

Mobilier. Voyez *Vente*.

Moyens. Les pièces contenant de nouveaux moyens, peuvent seules être taxées en cause d'appel, 465. — On ne discute sur requête civile que les seuls moyens d'ouverture, 500. — Voyez *Défenses*, *Écritures*, *Requête*.

N

Négligence. Celle qui dans les saisies immobilières peut donner lieu à une demande en subrogation à la poursuite, 722.

Notaire. Condamnation par corps en cas de refus de délivrer expédition d'un acte aux parties intéressées et ayant droit, 839. — Frais à payer, si ceux de la minute ne l'ont pas été, 851. — Cas où un notaire est appelé d'office pour une levée de scellés et un inventaire, 928 et 931. — Choix à faire par le conjoint commun en bien et d'autres intéressés, 935. — Opération d'un notaire dans un partage, 976 et 977. Voyez *Acte*.

Notification. Par qui doit être faite celle de la citation devant un juge de paix, 4. — Et de l'opposition à un jugement par défaut, 20.

Nullité. Formalités prescrites pour les exploits sous peine de nullité, 61 et suiv. — Condamnation aux frais et dommages-intérêts encourus par l'huissier dont l'exploit est déclaré nul, 71. — Signification des jugemens avant l'exécution à peine de nullité, 147. — Cas dans lequel les nullités d'exploits ou autres actes de procédure sont couvertes, 173. — Peine de nullité relativement aux délais pour enquêtes et à d'autres formalités y relatives, 257, 260, 261, 264, 269, 273, 274, 275, 278, 280, 292

1006. — Cas où l'on peut se pourvoir en nullité contre un jugement arbitral, 1027. -- Aucune des nullités prononcées par le code, n'est comminatoire, 1029. Aucun acte de procédure ne peut être déclaré nul, si la nullité n'en est prononcée par la loi, 1030. Voyez *Parenté*.

O

OFFICIERS MINISTÉRIELS. Amende par eux encourue pour omissions, contraventions ou nullités non formellement prononcées par la loi, 1030. --- Procédures et actes qui sont à leur charge, 1031. Voyez *Frais*, *Huissiers*.

OFFRES. Pouvoir spécial nécessaire pour leur acceptation, 352. -- Mention que le procès-verbal d'offres réelles doit contenir, 812. -- Ce qui se fait en cas de refus, 814. -- Jugement qui déclare les offres valables, 816. — Consignation, 817. — Conditions nécessaires pour la validité des offres, 818. -- Voy. *Consignation*.

OMISSION. Voy. *Officiers ministériels*.

OPÉRATIONS ÉLOIGNÉES. Voy. *Commissions*.

OPINION. Obligation pour les juges de se réunir à l'opinion du plus grand nombre, lorsqu'il en a été formé plusieurs, 117 et 467. -- Ce qui a lieu en cas de partage d'opinions, 118 et 468.

OPPOSITION. Délai pendant lequel on peut former opposition à un jugement par défaut, 20. -- Ce que l'opposition doit contenir, *ibid*. -- Cas où le délai de l'opposition peut être prorogé par le juge de paix, 21. -- Circonstance qui rend non-recevable à former une nouvelle opposition, 22. -- Les jugemens rendus

distribution du prix d'une vente entre créanciers, 750.--Réquisitoire sur lequel le Tribunal nomme un juge-commissaire pour procéder à l'ordre, 751. --Délai pour la production des titres par les créanciers inscrits, 753 et suiv. -- Ceux-ci supportent les frais de productions tardives, et sont garans des intérêts qui auraient couru, 757. -- Renvoi à l'audience en cas de contestation, 758. --Dans le cas contraire, clôture de l'ordre, 759.--Procédure avec les créanciers postérieurs en hypothèque au créancier dernier colloqué, 760.--Jugement et délai pour l'appel, 762.--Arrêt, 766.--Ordre des créances contestées et de celles postérieures arrêtées définitivement, 767.--Cessation des intérêts et arrérages des créanciers utilement colloqués, *ibid*. -- Nombre de créanciers inscrits, nécessaire pour la provocation d'un ordre en cas d'aliénation, 775. --Procédure, 776 et suiv.

ORDRE PUBLIC. Les causes qui le concernent sont communiquées au ministère public, 83.

OUTILS. On ne peut saisir ceux qui sont nécessaires aux occupations personnelles des saisis, 592.

OUTRAGE. Peines encourues par ceux qui s'en permettraient envers des juges en exercice, 91.

OUVERTURE. Voy. *Refus d'ouverture*, *Ordre*.

OUVRAGE. Voy. *Estimation*.

P

PAIEMENT. Voy. *Consignation*, *Offres*.

PAPIERS. L'huissier saisissant doit requérir l'apposition des scellés sur les papiers, 591.--Ceux qu'on inventorie doivent être cotés et paraphés, ainsi que les livres et registres de commerce, 943.

PARAPHE. Voy. *Papiers.*

PARÉATIS. Il n'en faut point pour exécuter dans tout l'empire les jugemens rendus et les actes passés en France, 546.

PARENS. Voy. *Avis de parens, Reproches.*

PARENTÉ. Degrés de parenté ou d'alliance qui empêchent un huissier d'instrumenter sous peine de nullité, 66.--Et qui s'opposent à ce qu'une personne soit assignée comme témoin, 268 et 413.--Voy. *Récusation, Reproches, Renvoi.*

PARTAGE. Demande faite par la partie la plus diligente, 966.--A qui la poursuite appartient entre deux demandeurs, 967.--Tuteur spécial et particulier à donner aux mineurs, 968.--- Estimation par experts, 969.--- Cas où un seul suffit 971.--- Comptes, rapports, formation de masses, prélèvement, composition de lots et fournissemens auxquels il est procédé par le notaire commis à cet effet, 976 et suiv.--Les cohéritiers, tous majeurs, peuvent s'abstenir des voies judiciaires, 985. Voy. *Lots.*

PARTIES. Elles peuvent comparaître en personne ou par leur fondé de pouvoir, devant les juges de paix, 9. V. *Emprisonnement, Irrévérence, Jugemens.*

PAUVRES. Les causes relatives aux dons et legs qui leur sont faits doivent être communiquées au ministère public, 83.

PENSIONS. Celles dues par l'état ne sont pas saisissables en totalité, 581.----Celles accordées pour alimens sont entièrement insaisissables, 581.

PÉREMPTION. Délai après lequel une instance sur

interlocutoire pendant devant un juge de paix, est périmée de droit, 15. -- Cas dans lequel la péremption donne lieu à des dommages-intérêts contre le juge, *ibid.* -- Discontinuation de procédures d'où résulte une péremption d'instance, 397. -- La péremption court contre toutes personnes, 398. --- Elle n'a pas lieu de droit, 399. --- Actes qui la couvrent, *ibid.* --- Requête par laquelle elle est demandée, 400. -- Formule de cette requête, *ibid.* -Son effet, 401. -- La péremption en cause d'appel a la force de chose jugée, 469. V. *Jugement.*

PÉTITOIRE. Il ne peut être cumulé avec le possessoire, 25. -- Le demandeur au pétitoire ne peut plus agir au possessoire, 26. -- Formule des différentes conclusions à prendre tant au pétitoire qu'au possessoire, 25. -- V. *Possessoire.*

PIÈCES. V. *Communication, Ecritures, Faux, Refus d'ouverture.*

PLACARDS. Où l'on appose ceux qui portent l'annonce d'une vente, 617. -- Indications que doivent contenir ces placards, 618. -- Exploit qui en constate l'application, 619. --- Placards pour vente de bâtimens de mer et de rivière, et d'édifices mobiles, 620. --- Pour une vente de fruits saisis, 629. --- Enonciations que ces placards doivent contenir, 630. -- Placards en cas de saisie de rentes constituées, 645 et suiv. -- Et en cas de saisie immobilière, 684. --- Notification de ce placard aux créanciers inscrits, 695. -- Réaffiche de placards, 703, 732 et 739. -- Placards pour revente sur enchère, 836. -- Et pour vente de biens de mineurs, 961. -- V. *Publication, Cahier des charges.*

PLAIDOIRIE. Les parties, assistées de leurs avoués,

PRESCRIPTION. Condition nécessaire pour qu'elle soit interrompue par la citation en conciliation, 57.

PRÉSENTATION. Les parties peuvent se présenter volontairement devant le juge de paix auquel elles soumettent la décision de leur différend, 7. Présentation de compte, 534.

PRÉSIDENS DES TRIBUNAUX DE PREMIÈRE INSTANCE. Ils doivent signer la minute des jugemens, 138.

PRESTATION DE SERMENT. V. *Serment.*

PRÊT. Les Prêteurs de deniers qui ont été déposés pour le prix d'immeubles aliénés après une saisie, n'ont d'hypothèque que postérieurement aux créanciers inscrits lors de l'aliénation, 693.

PREUVE. Faits dont la preuve peut être ordonnée sur demande ou d'office, 253 et suiv. --- Ce que doit contenir le jugement qui ordonne la preuve, 255. --- La preuve contraire est de droit, 256. --- Preuve par témoins en cas de récusation d'experts, 311. --- Ce que doit faire le Tribunal dans le cas où le récusant ne fournit pas de preuves contre le récusé, 389. V. *Enquête*, *Experts*, *Témoins.*

PRISE A PARTIE. Le ministère public est entendu dans les causes de cette nature, 83. --- Cas dans lesquels les juges peuvent être pris à partie, 505. Cours où les demandes sont portées, 509. -- Permission du Tribunal qui doit permettre la prise à partie, 510. -- Procédure, 511 et suiv. -- Jugement 515. --- Amende et dommages-intérêts contre le demandeur débouté, 516.

PRISE DE FAIT ET CAUSE. Voy. *Garantie.*

PRIVILÈGE. Demande à fin de privilège sur une distribution de deniers par contribution, 661. - Pré-

provenans d'une succession, 945 et suiv. – De partage par un notaire, 977. – On peut faire un compromis par procès-verbal, 1005. V. *Juges, Témoins.*

Procuration. La déclaration d'un tiers saisi et son affirmation peuvent être faites par procuration spéciale, 572.

Procureurs-généraux. V. *Magistrats, Minutes.*

Procureurs impériaux. Cas où l'assignation est donnée en leur personne, et où ils doivent viser l'original de l'exploit, 69. -- Causes qui leur doivent être communiquées, 83. -- Faculté qu'ils ont de demander communication des autres, *ibid.* Voy. *Conclusions, Minutes, Remplacement.*

Production. Celle qui a lieu dans une instruction par écrit, 96. -- Communication des pièces, 97. - Peines encourues par les avoués qui ne rétablissent pas les pièces communiquées, 107. -- Registre des productions, 108.

Prorogation. Cas où il y a lieu à proroger la durée d'une enquête, 279 et 280. -- Demande en prorogation d'une enquête sommaire, 409.

Provisions alimentaires. Celles qui ont été adjugées par justice ne sont saisissables que pour alimens, 581 et 582. Voy. *Séparation de corps.*

Publications. Celles qui ont lieu pour annoncer la vente de bâtimens de mer et de rivière, 620. -- Manière d'y suppléer dans les villes où s'impriment des journaux, 620 et 621. -- Publications en cas de saisie de rentes constituées, 643 et suiv. -- Pour saisies immobilières, 681 et suiv. et 732. V. *Annonces, Cahier des Charges.*

Q

QUALITÉS. Celles qui ont été signifiées entre les parties servent à la rédaction des jugemens, 142. -- Ce qui a lieu dans le cas d'opposition de l'avoué aux qualités ou à l'exposé du point de fait et de droit, 144 et 145.

R

RADIATION. Celles des inscriptions des créanciers non utilement colloqués, 759. -- Distraction en faveur de l'adjudicataire, des frais qu'elle occasionne, *ibid.* -- Le créancier colloqué pour le montant de sa collocation, consent la radiation de son inscription, 773.

RAPPORT. Celui que fait un juge sur délibéré, 94. -- Et sur instruction par écrit, 95. -- Manière dont une cause peut être mise en rapport, *ibid.* -- Manière dont se font les rapports, 111. V. *Experts.*

RAPPORTEUR. Comment il se charge des pièces produites, 109. -- Nomination d'un autre rapporteur en cas de décès ou de démission, 110. -- Formule de cette demande en nouvelle nomination, *ibid.* -- Comment le rapporteur est déchargé des pièces, 114.

RAPPORTS SUR PARTAGE. V. *Partage.*

RÉASSIGNATION. Dans quel cas elle a lieu en justice de paix, 5 et 19.

RÉBELLION. Il est dressé procès-verbal de rébellion par tout officier public insulté dans l'exercice de ses fonctions, 555. -- Formule d'un procès-verbal de rébellion, *ibid.* -- Manière de procéder en cas de rébellion par le débiteur, 785.

--Renvoi à faire en cas d'incompétence, par les Tribunaux de commerce, 424. -- Où se fait, en cas d'infirmation sur appel, le renvoi d'une demande en reddition de compte, 528. - Devant quel Tribunal est renvoyée la connaissance du fond par le Tribunal qui a provisoirement statué sur des difficultés élevées sur l'exécution des jugemens. 554.

contenant les moyens dans une instruction par écrit, 96. --- Ce que doit contenir la requête en opposition d'un jugement, 161. --- Formalités pour la requête de prise à partie, 511 et suiv.

S

que la première, 720. -- Cas où la subrogation à
la poursuite peut être demandée, 721 et suiv. --
Délai avant lequel l'appel d'un jugement rendu sur
un incident n'est pas recevable, 723. -- Subrogation à la poursuite, 724. -- Obligations du débiteur
qui interjette appel du jugement en vertu duquel
on procède à la saisie, 726. -- Demande en distraction de tout ou partie de l'objet saisi, 727. --
Délai de l'appel du jugement, 730. -- Epoque après
laquelle on ne peut plus proposer de moyens de
nullité contre la procédure, 733 et suiv.

Saisie de rentes. Titre en vertu duquel on peut
saisir des rentes constituées sur des particuliers,
636. -- Commandement qui doit la précéder, *ibid.*
Formalités pour l'exploit de saisie, 637 et suiv.
-- Il vaut saisie-arrêt des arrérages, 640. -- Dénonciation à la partie saisie, 641. -- Dépôt du cahier
des charges au greffe, 643. -- Publications, 648.
– Enchères, 651. -- Formalités pour l'adjudication,
652. -- A qui appartient la poursuite en cas de
saisie par deux créanciers, 653. -- Proposition de
moyens de nullité par la partie saisie, 654. Voyez
Cahier des Charges.

Saisie-revendication. Formalités nécessaires pour
y procéder, 826 et suiv.

Sauf-conduit. On ne peut arrêter le débiteur, qui,
appelé comme témoin, est le porteur d'un sauf-
conduit, 781. -- Par qui ce sauf-conduit peut être
accordé, 782.

Sceau. Celui qui doit être employé pour les appositions de scellés, 908.

Scellés. Apposition de scellés sur les papiers trouvés
dans une pièce dont l'huissier saisissant a fait faire

Serrures. Voyez *Scellés.*

Signature. Procédure sur dénégation de reconnaissance, 195 et suiv.

Significations. Il n'en entre point en taxe, 81. — Les jugemens ne peuvent être exécutés avant d'avoir été signifiés, 147. — Dans quel cas il suffit que la signification soit faite à la partie, 148. — Formalité particulière pour la signification d'un jugement rendu par défaut dans un Tribunal de commerce, 435. — Jugemens pour l'exécution desquels la date de la signification à domicile doit être attestée par un certificat de l'avoué du poursuivant, 548. — Le jour de la signification n'est pas compté dans le délai fixé pour les actes faits à personne ou domicile, 1033. Voyez *Ajournement, Commandement, Contrainte par corps, Exploit, Heures, Jour, Saisie, Visa.*

Sociétés de commerce. Mode d'assignation, 69.

Solvabilité. Cas dans lesquels le demandeur peut, dans les Tribunaux de commerce, être astreint à justifier de sa solvabilité, 417.

Sommation. L'huissier qui a dressé un procès-verbal de récolement d'objets saisis, peut faire sommation au premier saisissant de vendre dans la huitaine, 611. — Sommation de produire les titres sur une demande en distribution de deniers par contribution, 659 et suiv. — Indications que doit contenir celle faite pour être présent à un rapport d'experts, 1034. — Les sommations ne doivent pas être réitérées, malgré la continuation de vacations ou d'audience, 1034. Voyez *Jour.*

Stellionat. Voy. *Age, Bénéfice de Cession.*

Subrogation. Les créanciers opposans peuvent, sans demande en subrogation, faire procéder au récolement d'objets saisis et non vendus dans le délai fixé, 612. -- Cas dans lequel un second saisissant peut demander à être subrogé pour la poursuite au premier, 721.-- Remise de pièces par le poursuivant entre qui la subrogation a été prononcée, 723. -- Frais à sa charge s'il a contesté la subrogation, 724. -- L'arrêt qui autorise l'emploi des frais faits sur des contestations entre créanciers dans un ordre, prononce la subrogation au profit de celui sur lequel les fonds manquent, ou de la partie saisie, 769. -- Dans quel cas la subrogation peut être demandée pour la poursuite de l'ordre du prix d'une aliénation sans expropriation, 779.

Subrogé-tuteur. Voy. *Avis de parens, Tuteur.*

Substituts. Voy. *Magistrat, Procureur impérial, Remplacement.*

Succession. Référé sur les difficultés qui peuvent s'élever après l'inventaire relativement à l'administration d'une succession, 944. -- Nomination d'un curateur à succession vacante, 998 et suiv. Voy. *Héritier - bénéficiaire, Partage, Renonciation, Vente.*

Suppression. Voy. *Ecrits.*

Sur-enchère. Délai pendant lequel elle est permise, et taux auquel elle doit monter, 710. -- Dénonciations qui doivent en être faites, 711. -- Concours entre le sur-enchérisseur et l'adjudicataire, 712. -- Formalités prescrites pour la sur-enchère sur vente volontaire, 832.-- Nullité de la sur-enchère au cas de rejet de la caution, 833.-- Justifications à faire par certains créanciers pour pouvoir la requérir, 834.--L'acte d'aliénation tient lieu de minute d'enchère, 838.

SURSIS. Cas où il y a lieu à des surséances en matière d'inscription de faux, 240, 241 et 250. --Faculté laissée au juge de passer outre ou de surseoir à l'exécution d'un jugement attaqué par la voie de la tierce opposition, 477 et 478.--Cas où un sursis peut être ordonné dans une instance de saisie immobilière, 7.9. Voy. *Contrainte par corps.*

SUSPENSION. Celles qu'encourt l'individu remplissant une fonction près d'un Tribunal, et par lequel l'audience est troublée, 90. Voy. *Surséance.*

SYNDIC. Voy. *Union de créanciers.*

<h1 style="text-align:center">T</h1>

TABLEAU. Celui dans lequel le greffier fait insérer les extraits de cahiers de charges, 644. - Les extraits de saisies immobilières, 682. -- Ceux de demandes en séparation de biens, 868. -- Des jugemens intervenus, 872. -- Des jugemens qui ordonnent une séparation de corps, 880. -- Mention à faire au tableau à l'égard des débiteurs admis au bénéfice de cession, 902.

TAXE. On doit énoncer au bas des écritures le nombre de rôles qu'elles contiennent, sous peine de rejet de la taxe, 104. -- Les moyens d'opposition fournis postérieurement à la requête n'entrent point en taxe, 162. - Taxe des journées et vacations d'experts vérificateurs d'écritures, 209. -- Taxe des témoins, 274, 277 et 413. -- Celle des frais d'une vente, 657. Voy. *Dépens, Ecritures, Règlemens.*

port du juge , 38. — Cas où il y a lieu au transport du juge-commissaire pour une audition de témoins , 266; — Pour un interrogatoire sur faits et articles , 328. Voy. *Descente.*

Trésor public. En la personne de qui il peut être assigné , 69.

Tribunaux de commerce. La procédure s'y fait sans le ministère des avoués ; 414. — Formalités à observer pour les demandes , 415. — Délai pour les assignations , 416. — Règles sur la caution et la solvabilité , 417. — Assignation dans les affaires maritimes, 418. — Domicile à choisir pour l'assignation , 420. — Comparution des parties, 421. — Election de domicile , 422. — Les étrangers demandeurs non obligés à donner caution pour les frais et les dommages et intérêts, 423. — Renvoi des parties à faire par le Tribunal en cas d'incompétence, 424. Déclinatoire, *ibid.* — Jugement, 425. — Assignations en reprise , 426. — Cas de renvoi aux juges ordinaires pour une pièce arguée de faux, 427. — Audition des parties et renvoi, s'il y a lieu , à des arbitres avec nomination d'experts, 428. — Délai pour la récusation , 431. — Preuve par témoins , 432. — Formes prescrites pour les jugemens , 433. — Formalités à observer par l'huissier commis pour la signification des jugemens par défaut, 435. — Quand le jugement est exécutoire, *ibid.* — Délai pour l'opposition ; 437. — Cas dans lequel l'exécution provisoire des jugemens peut être ordonnée nonobstant l'appel et sans caution , 439. — Les Tribunaux de commerce ne connaissent pas de l'exécution de leurs jugemens, 442. — Où sont portées les contestations élevées à

Licitation, *Placards*, *Publication*, *Sur-enchère*.

Vérification. Celle des écritures, 193 et suiv.

Visa. Cas où le maire ou l'adjoint d'une commune est tenu de viser un original d'exploit, 68, 601, 628, 673, 676, 681, 687. — Cas où ce visa doit être donné par le juge de paix ou le procureur impérial, 69. — Circonstances dans lesquelles cette formalité doit être remplie par les ministres de la marine et des relations extérieures, *ibid.* — Il ne faut point de visa pour que les jugemens et actes rendus et passés en France soient exécutoires dans tout l'Empire, 547. — Visa d'un administrateur de caisses publiques au bas de l'original d'une opposition ou saisie-arrêt formée entre ses mains, 561. — Visa des maires pour les placards, annonçant la vente de biens appartenans à des mineurs, 961. — Visa par les personnes publiques de toutes significations à elles faites, 1039.

Visite. Cas dans lequel on doit ordonner celle des lieux, 41. — Circonstances qui autorisent le juge à se faire accompagner par des gens de l'art, 42. V. *Procès-Verbal.*

Voix. Les jugemens sont rendus à la pluralité des voix, 116. — Obligation de recueillir une seconde fois les voix, dans le cas où il y a plusieurs opinions, 117.

Vol. Voy. *Bénéfice de Cession.*

Voyage. Frais de voyage qui, dans un compte, peuvent être employés comme dépenses communes, 532.

Fin de la Table du Code Judiciaire.